AF494694

HECTOR FRANCE

AU
PAYS DE COCAGNE

— PRINCIPAUTÉ DE MONACO —

PARIS

BIBLIOTHÈQUE-CHARPENTIER

EUGÈNE FASQUELLE, ÉDITEUR

11, RUE DE GRENELLE, 11

1902

AU PAYS DE COCAGNE

HECTOR FRANCE

AU

PAYS DE COCAGNE

— PRINCIPAUTÉ DE MONACO —

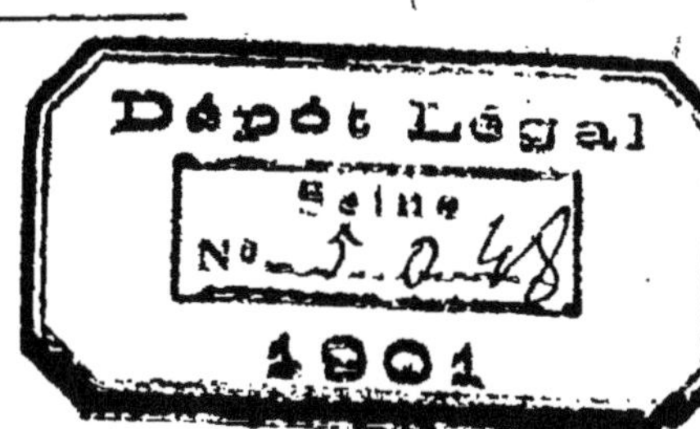

PARIS

BIBLIOTHÈQUE-CHARPENTIER

EUGÈNE FASQUELLE, ÉDITEUR

11 RUE DE GRENELLE, 11

1902

Tous droits réservés.

A MON AMI JULES JUHEL

CAPITAINE AU 1ᵉʳ CHASSEURS D'AFRIQUE

A toi, le premier de mes vieux camarades qui me souhaita une chaleureuse bienvenue à mon retour en France, après mes longues années d'exil, à toi ces pages écrites sous les splendeurs du ciel, au milieu des parfums des orangers qui penchent leurs fruits d'or sur le rivage d'azur! Tu les aimes comme moi, les sites ensoleillés parcourus ensemble le dernier hiver; car, nous avons conservé tous deux la nostalgie de cette belle Algérie qu'ils rappellent en tant de points, et où sous le burnous rouge nous fîmes nos premières chevauchées de guerre, jetant à tous les vents de l'Espérance notre insouciance et notre jeunesse. Combien lointains sont ces temps! combien de déceptions, d'amertumes, et combien profonds sont les vides! Mais notre vieille et sincère amitié est restée debout au milieu des ruines du passé, et c'est pourquoi je suis heureux et fier de le répéter ici en t'offrant la dédicace de ce livre.

HECTOR FRANCE.

Welcome villa, Rueil (Seine-et-Oise).

Le 4 novembre 1901.

AU PAYS DE COCAGNE

CHAPITRE PREMIER

L'ÉDEN

I

> Li païs a nom Coquaigne
> Qui plus y dort, plus y gaigne,
> Cil qui dort jusqu'à midi,
> Gaigne cinc sols et demi.
>
> *(Li fabliou de Coquaigne.)*

Les hommes de ma génération sont rares qui se sont fait voiturer, il y a quarante ans, le long de la Côte d'Azur. Quel changement, depuis! Une nature entière transformée, des paysages nouveaux, des bourgades et des villes sorties comme par magie des bois de citronniers ; des villas, des palais surgis là où poussaient des chardons aux tiges bleues, où les cactus et les aloès hérissaient leurs feuilles épaisses et leurs dards rigides.

Alors la ligne ferrée n'allait pas au delà de Toulon.

De Toulon à Nice courait la diligence, et les *vetturinas* aux rideaux flottants vous trimballaient gaiement de Nice à Monaco et sur les bords liguriens. Mais si l'on perdait en rapidité, combien l'on gagnait en plaisir !

Et, d'ailleurs, à quoi bon courir si vite quand on n'appartient ni au monde des affaires, ni au clan des voleurs ? Au bout du fossé la culbute, et il est des sentiers lents et fleuris, pour conduire au trou final.

On rencontrait alors peu de snobs sur la route zigzaguant par les forêts de pins, déroulant sa ligne grise au bord des rocs, au travers des bruyères parfumées ; on voyait moins de petites villas peinturlurées, et de faux palais byzantins.

L'architecture de garniture de cheminée

à laquelle nous devons l'Opéra, n'avait pas
encore taché de ses contrefaçons les pentes
verdoyantes des flancs alpestres ni rompu
la majestueuse harmonie des rives ensoleillées. L'insupportable race du philistin
ne s'était pas multipliée comme celle de
Jacob, et l'on pouvait s'ébattre à son aise
sans faux-col et sans gants sur la plage solitaire sans se heurter à de corrects imbéciles
méticuleusement sanglés dans leur complet
de Cheapside ou du coin du quai. — Les
jolies filles aux cheveux flottants s'ébattaient
tous les jours en robe simple et claire, in-
soucieuses du décorum et de la dernière
fashion.

Dans les joyeuses hôtelleries, le solennel
garçon cosmopolite, cravaté de blanc et habillé de noir, ne vous servait pas pour trois
francs un beefsteck de dix sous, sous prétexte
qu'il est baptisé *châteaubriand* sur la note,
et de l'ale coûteuse autant que frelatée ;
mais une petite bonne familière et jolie
vous apportait du vin pur et des plats du

cru, qu'une cuisinière ignorante de la chimie n'avait pas tenté d'accommoder aux savants poisons des gargotes parisiennes. C'était encore le bon temps des voyages...

Les Parisiens ne connaissaient guère de la Provence que Marseille, et de Marseille que la Canebière et encore par les grosses facéties débitées sur cette chaussée sans pareille.

En 1860, Hyères ne comptait qu'un hôtel, Nice que des étrangers de passage.

Monte-Carlo n'était pas encore l'universelle attraction des deux mondes, et les rares Anglais qui se rendaient de Nice à Menton ou à Gênes, par la route de la Corniche, cheminaient indifférents devant ce qu'ils ont appelé depuis le joyau de la Côte d'Azur. Monaco, alors, était enchâssé dans l'écrin merveilleux de la simple nature.

Il en est de certains sites comme de maintes œuvres d'art; des générations se succèdent, l'âme et la vue fermées aux divines beautés; puis, un jour, un passant, artiste ou poète, s'arrête, s'émerveille, les signale, et les badauds d'accourir et de s'extasier. Ils sont passés là cent fois, cependant, mais ils n'ont rien vu ; comme aux aveugles de l'Évangile, pour qu'ils ouvrent les yeux il faut leur dire : Regarde.

Et ainsi des hommes. Combien ont été, de leur vivant, ignorés de la foule indifférente et moutonnière ! Mais quand la misère, la faim, le désespoir, les incessantes meurtrissures de la lutte stérile les ont mis en bière, quelque impresario de lettres s'avise tout à coup de découvrir leur génie ; la gloire posthume, suprême ironie, les enveloppe, et l'œuvre méprisée, livrée jadis pour un morceau de pain, fait la fortune des trafiquants.

Alphonse Karr découvrit Étretat, et fit la fortune de Saint-Raphaël. Si un spéculateur intelligent n'avait élevé un féerique palais en face de Monaco et transformé par le puissant coup de baguette des millions l'aride plateau des Spelugues en un jardin plus somptueux que celui de l'Alcazar,

(Délices des rois Maures)

1.

l'on eût ignoré peut-être encore longtemps qu'il existe, enclavé dans la Provence, un petit coin d'Éden.

*
* *

Au delà des toits de la Condamine, la grande nappe aux tons de cobalt coupe d'une ligne rigide les splendeurs fulgurantes du Levant. Un long nuage pourpre, île aérienne festonnée d'or, s'étend sur l'horizon, un fleuve aux vagues mousseuses la raye et semble précipiter ses flots sur les campaniles du palais de Monte-Carlo, comme s'il charriait dans la fournaise les richesses du monde.

Les crêtes flamboient; une nimbe radie du berceau d'où va surgir le dieu. Déjà l'œil humain ne peut contempler ses gloires; il se ferme ébloui, aveuglé, car le voici, celui sans lequel la terre est noyée de tristesses, celui qui dore nos jours et nos cœurs, il monte dans l'espace, versant ses torrents de lumière sur la Côte d'Azur.

*　*　*

Splendeur des décors apportés par l'homme et luxuriance de ceux de la nature ! La flore des chaudes régions s'étale autour des villas entassées, rivalisant de luxe, ornant chacune de sa parure orientale.

Où trouver pour l'autel de la Fortune plus ravissant coin de terre ? Dans les magnificences d'un Éden, se dresse le Temple, avec ses deux tourelles qui semblent les cheminées de la fournaise où se fondent les pièces d'or, se dessèchent les cœurs, s'oblitèrent les consciences.

Que de fois ces campaniles blancs et fins comme des minarets m'ont troublé dans mes rêveries !

Du cap Martin à la pointe d'Hercule, de la terrasse de Roquebrune à celle de la Turbie, des zigzags aux décors inattendus de la merveilleuse Corniche, je les voyais surgir tout à coup entre deux bouquets de palmiers, dans les éclaircies des oliviers aux tons pâles ou par delà les roches titaniques.

Fatale attraction! On s'éloigne, on presse le pas, on essaye de fuir l'obsession, pour aller humer, à l'ombre des orangers, les senteurs des algues, les parfums des roses, sourire aux belles filles aux yeux noirs, ou, sous la treille de l'auberge voisine, se griser de l'asti mousseux... On veut oublier, oublier; mais voici qu'au détour du sentier surgissent les campaniles du temple où l'aveugle déesse distribue à chaque tour de ses six *roulettes* les joies et les désespérances, dépouillant celui-ci, gorgeant celui-là, donnant et reprenant, comme le féroce dieu biblique.

II

Au bord des flots d'azur éternellement calmes,
La nature revêt des aspects éclatants :
Des fleurs, toutes les fleurs, des éventails, des palmes,
Dans un jardin splendide où sourit le printemps.

(Édouard Dutto.)

Ce qui frappe d'abord le long de ce rivage battu par le flot bleu, *cæruleum mare*, c'est l'aspect africain que lui donnent ses bouquets de palmiers, ses plantes intertropicales, les mêmes rencontrées dans les sentiers kabyles et les grandes routes du Tell.

Autant que de l'autre côté de la Méditerranée, les figuiers de Barbarie y croissent dru et sans culture, accrochés aux crevasses du roc.

De la principauté monégasque où ils furent importés par un moine, vers le milieu du XVIe siècle, ils s'étendirent sur le littoral. Cet homme pieux autant que sage, franciscain de profession et de nom Baptiste de Savone, était le chapelain d'Honoré Ier.

Ayant suivi son maître dans une expédition contre les Turcs de Tunis, il rapporta, au lieu d'une belle esclave, — ce qu'à sa place je n'eusse pas manqué de faire, — six raquettes de figuier cueillies dans l'île de Tabarca, et qu'il planta sur le rocher de Monaco, au-dessous de la partie du rempart caressée des feux du Midi.

Ses confrères s'égayèrent fort de ce piètre souvenir de voyage et de ce singulier trophée de guerre, mais le bon Baptiste qui, décidément, était vertueux, à moins qu'il n'eût déjà dans le pays une compagne jalouse, nièce ou sœur, — et les petites Monégasques dont les veines charrient du sang maure, ne badinent pas en affaires d'amour, — le bon franciscain, dis-je, laissa rire les plaisants et ses six raquettes produire des semailles. La plante africaine s'acclimata si vite et si bien, que le rocher fut en quelques années entouré d'une gracieuse ceinture et d'un nouveau mur d'enceinte; mais les choses utiles, lorsqu'elles ne coûtent rien, sont dépréciées du

vulgaire. Pour qu'un remède ou un médecin
soit bon, il faut le payer très cher. On
dédaigna une plante qui ne coûtait rien et
ne pouvait être que mauvaise venant des
sauvages barbaresques ; car il ne faudrait
pas croire, au dire des admirateurs du passé,
qu'il y avait autrefois moins d'imbéciles.

La race des Philistins est aussi tenace que
les mauvaises herbes ; elle persiste à braver
les âges, et l'imbécillité triomphante, la bêtise
massive, comme disait Théophile Gautier,
pesait aussi lourdement il y a cent ans qu'aujourd'hui. Le moine de Savone était depuis
plus d'un siècle en bonne terre et sa plante
oubliée comme ses os, lorsqu'un Espagnol
de Monaco, dont des voisins indélicats pil-
laient le potager, s'avisa de protéger ses
oignons et ses ails par une barrière de cac-
tiers. Ce fut une merveille ; la haie devint
telle que le curé imita l'Espagnol, d'abord
pour protéger son jardin, puis pour enclore
le cimetière ; et bientôt la fructueuse et effi-
cace bordure servit à tous les vergers.

Mais à quoi bon parler davantage des mer-
veilles de la nature, de l'inaltérable verdure
des bocages, des fleurs constamment épa-
nouies, des fruits d'or et des grappes ver-
meilles, d'où coule la liqueur féconde, con-
solatrice des affligés? Les séductions du tapis
vert effacent tout, et le son cristallin de la
danse des écus fait taire dans les plus at-
trayants bosquets les romances et les duos
d'amour !

*   *
*

Des centaines de voyageurs que les trains
déversent quotidiennement de Marseille à
Gênes, des troupeaux ahuris remorqués par
les guides Cook, combien s'arrêtent devant
ces ravissements ! Comme jadis à Sodome,
les envoyés du Dieu des Juifs ne purent
dénombrer dix justes, l'art ou la nature
parmi ces assoiffés d'or chercherait vainement dix adeptes. Tous se hâtent vers la
fournaise où se fondent les âmes et les bank-

notes, la fournaise, but unique, attraction unique, spectacle unique de ces hypnotisés !

Ce n'est pas pour eux que les coquettes et somptueuses villas se parent de leurs guirlandes, que les barques aux voiles blanches se balancent moelleusement dans la crique d'Hercule, que les bourgades de la côte accrochent au milieu des vergers et des vignes leurs pittoresques masures, que Bordighera étincelle au soleil, que la fleur d'oranger répand ses pétales et ses parfums et que les oliviers au feuillage aérien s'élagent jusqu'au rocher nu.

Victor Hugo appelait les naturels d'une jolie cité de Bretagne les *punaises* d'un magnifique logis. Ici, la punaise, c'est l'étranger badaud, le marchand de pruneaux imbécile, le rastaquouère, le forban cosmopolite parlant et volant dans toutes les langues ; c'est, surtout, le *snob*, le cockney, de Londres et des trente-deux comtés, race *objectionable*, avouent les feuilles britanniques elles-mêmes, ignorante, infatuée, traînant partout ses préjugés et sa mauvaise éducation, détestable à tous, aux compagnons de route, aux voisins d'hôtel, aux indigènes et que convoie au milieu des lazzis de l'Europe et à la stupéfaction de l'Asie, à prix réduits et fixes, la célèbre agence de Ludgate Circus !

Voici un Pays de Cocagne dont les habitants ne paient ni imposition, ni patente, ni service militaire, ni contribution d'aucune sorte.

Heureux Monégasques ! Ce n'est pas chez eux qu'on serait bien venu d'entreprendre une propagande révolutionnaire. Pas un ne consentirait à échanger sa situation modeste de sujet platonique d'un souverain d'ailleurs populaire contre celle plus glorieuse mais plus coûteuse de citoyen de la République. Là pauvreté est inconnue à Monaco. Ceux qu'on appelle les pauvres sont les artisans obligés de gagner leur vie, mais ils ne se « foulent pas la rate », en prennent à leur aise, et c'est le diable pour les mettre à la besogne.

Leur réputation de fainéantise est proverbiale. « Quand un Monégasque est invité à travailler, dit Métivier dans son *Histoire de Monaco*, il répond tranquillement : « *Je ne me sens pas.* » Alors, inutile de le presser, à aucun prix il ne remuera. » Tous gentilshommes, d'ailleurs, jadis anoblis en bloc par Charles-Quint, et l'on sait que le travail ne sied pas à la noblesse !

La pure race ne se trouve guère que dans la vieille ville. Elle a conservé ses traits caractéristiques et sa langue hybride, mélange de provençal, de français, d'italien. Elle avait conservé aussi quelques pittoresques coutumes que l'invasion continuelle des étrangers a fait disparaître peu à peu, entre autres la procession du Vendredi-Saint, célèbre sur tout le littoral, reproduction des antiques mystères de la Passion, qu'on ne voit plus maintenant qu'à Roquebrune, le jour de la fête patronale, et tous les dix ans à Oberammergau, dans la Haute-Bavière.

* * *

La devise de ce minuscule État, resté debout au milieu des effondrements et des transformations de l'Europe, est aussi singulière que son histoire :

Monaco, io sono
Un scoglio.
Del mio non ho ;
Quello d'altrui non toglio ;
Pur viver voglio.

« Monaco, je suis un rocher. Je ne tire rien de moi ; d'autrui je ne prends rien ; cependant, je veux vivre. »

* * *

« Son roc sculpté, disait Paul Arène, blanc comme argent, au milieu d'une mer couleur de turquoise, est vraiment le chaton, le bijou central, l'agrafe ouvragée et ciselée, dans le plus fin goût barbaresque, de cette merveilléuse *rivière* qui va, sertie de diamants qui sont des palais, des villages et des villes, depuis l'Esterel couvert de chênes-lièges jusqu'au val de Menton que l'oranger embaume. »

Ses habitants vivaient jadis de guerre, et, hardis pirates, écumaient vaillamment les mers en dépit de leur devise. Ce n'est pas un reproche que je leur adresse. La nature ne leur ayant donné qu'un rocher, ils ne pouvaient y planter des fèves, ni des choux. Que le peuple qui n'a jamais pillé ses voisins leur jette la première pierre !

Puis, il vécurent de contrebande comme les héros des chansons espagnoles. Les Niçois ne s'en plaignaient pas, car ils leur fournissaient à prix réduits du tabac, du bon vin et des alcools. En faisant les affaires des autres, ils faisaient grassement les leurs.

Dansons en rond et vogue la galère !

Mais les gouvernements, qui sont des empêcheurs de danser en rond, interrompirent ces légitimes transactions.

Le nôtre acheta pour 60.000 francs par an le droit de douane ; c'est pourquoi on aperçoit l'uniforme de nos gabelous sur tous les coins de la principauté.

Aussi le pays eût-il été à peu près ruiné sans Charles III, père du prince actuel. Il releva la fortune de son petit peuple, et grâce à lui elle devint plus brillante que jamais. Par un décret rendu à Monaco, le 2 février 1869, il abolit tous les impôts en ces termes :

ARTICLE PREMIER. — A partir de ce jour sont supprimés dans notre Principauté la contribution foncière, la contribution personnelle et mobilière et l'impôt des patentes.

ARTICLE DEUX. — Remise est faite des sommes qui peuvent être dues pour l'arriéré des susdits impôts.

— Les Monégasques reconnaissants lui élevèrent un buste de marbre sur la place de son palais. Aveugle et atteint d'infirmités précoces, il n'en continua pas moins à diriger avec une grande lucidité d'esprit les affaires de son gouvernement. Il mourut en mars 1889 en son château du Marchais, près de Notre-Dame-de-Liesse.

Heureux prince! avait chanté Charles Diguet.

...... Tandis qu'autour de vous chancelle
L'Europe; tandis que le clairon qui l'appelle
     Sonne comme le glas
Qui fait froid aux vieillards, ainsi qu'aux monarchies;
Tandis que les canons, trompettes d'anarchies,
     Tonnent avec fracas.
Quand; ici, là, le ver ronge en sa félonie
Le trône brillant d'or — planche en velours garnie,
     Rien ne trouble la paix
De ton heureux État; il reste inaltérable,
Comme reste le ciel à l'azur impeccable,
     Ce dôme du palais.

Il n'eût tenu qu'à M. Jules Grévy, président de la République, de faire de Paris, sinon un pays de Cocagne, car il sera toujours attristé par les pluies d'automne et agité par les bavards parlementaires, du moins, une métropole presque sans misérables. On y eût vu diminuer les octrois et décupler le budget de l'Assistance publique. Un casino luxueux, qui l'eût inondé des millions étrangers, résolvait, paraît-il, le problème. L'offre faite par un hardi spéculateur fut repoussée avec indignation. Cependant l'État perçoit en faveur de l'Assistance publique une prime sur les opérations du pari mutuel; il en prélève une autre sur les loteries qu'il autorise; il perçoit sa quote-part de bénéfices sur les cartes à jouer, sur l'ivrognerie, sur les maisons de tolérance, et exploite sans vergogne à l'aide de sa police la misère des filles de joie.

Mais les inconséquences et l'hypocrisie de la moralité officielle n'ont-elles pas toujours réjoui l'observateur?

CHAPITRE II

LE CASINO

I

> Là-bas, Monte-Carlo ; tout près, la Condamine.
> Ici, sur un rocher couronné d'un jardin,
> Monaco se hérisse et dévoile soudain
> Les secrets du passé que le présent devine.
> (Édouard Dutto.)

Le Casino de Monte-Carlo eut, comme toutes les gloires, de très humbles débuts.

Installé sur la place du Château d'abord, à l'endroit même où s'arrêtait le coche de Menton, dans un bâtiment qui sert actuellement de corps de garde aux soldats monégasques, il était à la fois hôtel, restaurant, estaminet, cercle. Les joueurs s'installaient

au premier étage dans une salle mesquine-
ment meublée, éclairée le soir par des lampes
fumeuses et garnie de deux tables uniques,
« trente-et-quarante » et « roulette ».

On y risquait la pièce de 40 sous des brelans obscurs, et s'il ne s'y pressait ni princes,
ni ducs, ni marquis authentiques, on y cou-
doyait des comtes de l'État de l'Église, des
barons allemands, des docteurs prussiens,
des colonels américains et quantité de chevaliers de tous les ordres, principalement de
celui d'Industrie. Les *grecs* chassés des cercles venaient y *faire* le jeton, car on ne se
servait que de jetons échangés contre espèces
à un guichet.

Plus tard, un petit steamer au service des
tenanciers alla gratis chercher les pontes à
Nice et gratis les ramenait.

Roquebrune et Menton venaient d'être
annexées à l'Empire et Monaco restait ville
unique de la Principauté.

Quelques maisonnettes en bois et de rares
villas disparaissaient dans le fouillis de ver-

dure des délicieux jardins de la Condamine et du plateau des Spelugues, écrasés aujourd'hui sous l'amas des hôtels et des palais.

*   *   *

La transformation ne s'opéra pas sans de nombreuses fluctuations.

De la place du Château, le « Cercle des Étrangers » passa dans un ancien couvent, celui de la Visitation, puis on descendit aux jardins de la Condamine, pour remonter à Monaco, à la villa Garbarini.

On errait ainsi sans se fixer, car, dans la concession faite à la Société fermière, Charles III exigeait que le Casino fût construit sur le plateau des Spelugues.

Il caressait depuis longtemps le rêve d'élever une ville nouvelle en face de sa vieille cité. Il n'avait plus qu'à laisser faire. La maison de jeu dominerait le promontoire et bientôt se grouperaient autour les somptueuses habitations.

Ce promontoire n'était pas comme on le croit généralement un aride rocher. On lui donnait le nom d'Élysée Alberto, en souvenir de Carlo Alberto, père de Victor-Emmanuel, qui, en 1828, avait prêté des escouades de forçats au prince de Monaco pour tailler dans le roc les routes de Roquebrune et de Menton. Il appartenait alors au gouverneur de la Principauté, le comte Rey, qui, ayant pris ces mêmes forçats à sa solde pour charrier des terres, transforma ce plateau dépouillé en un riche jardin. Il était donc couvert de vignes, de citronniers, lorsqu'il le céda à la Société du Casino.

Le principal fermier des jeux, un nommé Lefebvre, comprit le parti qu'on pouvait tirer de l'achat de ce terrain placé dans une situation merveilleuse, mais il fallait des sommes considérables. On se mit à l'œuvre, cependant, et, le 13 mai 1858, on posait solennellement la première pierre du nouvel établissement qui prenait dès lors le nom de *Monte-Carlo*.

Mais les dépenses dépassèrent de beaucoup les devis; les travaux ne se continuaient qu'avec lenteur; Lefebvre et ses associés, Grillois et Jagot, découragés, allaient renoncer à leur entreprise, lorsqu'un beau matin, un étranger se fit annoncer.

On était au 31 mai 1863. — J'ai entendu dire que vous aviez l'intention de vous défaire de votre concession? demanda-t-il sans autre préambule.

Lefebvre, pris à l'improviste, ne répondit pas.

Le visiteur était François Blanc, alors fermier des jeux de Hombourg. Il ouvrit son portefeuille, en tira trois bons sur la Banque de France.

— J'en offre dix-sept cent mille francs. Cela vous va-t-il?

Lefebvre hésitait.

— Réfléchissez, ajouta Blanc. Je déjeune à Monaco. Je repars ensuite pour Nice, et je veux conclure avant mon départ.

Les trois tenanciers se décidèrent, signèrent l'abandon de leur propriété, de leurs privilèges, avec le consentement de Charles III.

* * *

Ce qui poussait le fermier de Hombourg à cette rapide acquisition, c'est que l'empereur Guillaume se préparait à demander au Reichstag la fermeture des maisons de jeu de l'Allemagne, et le résultat en était prévu.

Maître de Monte-Carlo, François Blanc dirigea les travaux avec une activité et une largeur de vue inconnues à ses devanciers. Il avait créé un Éden d'été dans la Prusse rhénane ; il fit un Éden perpétuel de la principauté monégasque. Sachant qu'il faut semer pour récolter et que moins on épargne la graine, plus lourde est la moisson, il jeta l'or à poignées avec une audace de jeune, une prodigalité qui semblait de la folie, car quinze millions étaient déjà engloutis avant de produire un centime.

Mais le hardi spéculateur ne se décourageait pas; il semait en terre féconde. Homme extraordinaire, lord Brougham le considérait avec raison comme l'un des plus habiles financiers de France, tant il l'avait étonné par la simplicité et en même temps la profondeur de ses prévisions et de ses calculs.

Il n'en faudrait pour preuve que cette admirable machine de hasard et de précision, à la fois si simple et si compliquée, qui défie toute tricherie, se prête à toutes les combinaisons et les déjoue toutes, attirante, endiablée, fatale, machine perfectionnée par lui, où vont se brûler comme les phalènes à la flamme d'une lampe les chercheurs de la Toison d'or; intellectuels ou cerveaux vides, consciences lâches ou cœurs hautains. Le père de famille y porte les épargnes du foyer; la matrone, talonnée par l'âpre désir du lucre, se sent prête à vendre pour le numéro sortant la chair de sa fille à peine pubère; le gueux y complète sa ruine et, ô sainte revanche ! équilibre et justice des choses, le tripoteur gonflé de banknotes en sort vidé comme un raisin sec.

Et l'argent volé, et l'argent gagné, et le contenu lentement amassé du bas de laine improductif également fondu dans le cylindre, reprennent par la canalisation du vice les grands chemins de la circulation.

II

> Le jeu effréné qu'on joua pendant le système de Law, a plus fait pour le nivellement des classes que toutes les doctrines de nos soi-disant philosophes.
>
> (Charles VIRMAITRE.)

Il en est de la roulette comme des courses de taureaux, — je parle des vraies où le sang coule ; — on commence par crier à l'immoralité, à la barbarie, puis l'on prend place dans l'amphithéâtre, pour se rendre compte, juger *de visu*, maudire en connaissance de cause. On en sort écœuré mais ému, sinon « empoigné ».

On y retourne pour s'indigner encore, une fois, deux fois, dix fois ; et l'on finit par prendre un abonnement.

Combien, ai-je entendu de paisibles bourgeois lancer de furieuses apostrophes contre les jeux de hasard et, après la diatribe, courir risquer leur pièce de cent sous ! Ainsi, ce brave pasteur calviniste, ou luthérien, ou anglican, — tous de même farine, — dont parlait Edmond About, qui, parti pour Bade dans le but de recueillir les matériaux d'un sermon terrible destiné à terrasser « l'hydre du jeu », fut trouvé escorté de sa femme et de sa demi-douzaine de filles, carton dans une main et épingle dans l'autre, à la table de « trente-et-quarante », pontant avec rage et pointant les coups. Et au retour au bercail son sermon fut d'autant plus pathétique qu'il s'était fait ratisser 1.500 florins !

La congrégation entière pleura, mais les plus abondantes larmes coulèrent à son foyer. De repentir d'avoir joué? Vous n'êtes pas assez naïfs pour le croire. Non, de chagrin d'avoir perdu. Car, de même qu'il y a deux morales dans la société, celle du riche et celle du pauvre, pour toutes les justices deux poids et deux mesures, et une quantité de vérités en deçà de la montagne qui deviennent mensonge au delà, il y a au jeu la morale de celui qui gagne et la morale de celui qui perd.

Tous ces farouches apôtres, don Quichottes de vertu, appartiennent plus ou moins à la catégorie de ce Paschasius Justus, homme docte, sage et nourri de « haulte graisse », qui vers le milieu du XVIe siècle publia un fort beau livre intitulé *Moyen de se guérir de la passion du jeu*, lequel livre ne guérit personne, pas même lui, car il perdit dans un tripot le produit de son œuvre, vendit, pour jouer, ses hauts-de-chausses et mourut à l'hôpital.

Entendons-nous sur le mot *morale*. Aux yeux de certains puritains, aussi étroits que les sectaires politiques, il n'y a qu'eux de moraux dans le monde. Hors de leur petite chapelle pas de salut. N'y a-t-il pas, à l'heure qu'il est, toute une catégorie de bons pasteurs anglicans qui, tout en plantant dévotement chaque année un enfant à leur épouse, déclarent les devoirs conjugaux qu'ils rendent si pieusement, une révoltante immoralité, s'ils ne sont accomplis d'une façon spéciale, leur façon à eux : à savoir, un vêtement de nuit particulier qui, tout en permettant d'obéir scrupuleusement au commandement biblique : « Croissez et multipliez », empêche de goûter des joies trop vives, les yeux d'être *choqués* de spectacles trop excitants, et sauvegarde ainsi la modestie des pudiques conjoints !

Vous m'appellerez sacristain et papiste, si vous le voulez, mais j'aime mieux mon curé qui couche bravement et sans appareil avec Jeanne, Jeannette ou Jeanneton.

J'ajouterai que nombre des contempteurs du « divin carton » sont des « fumistes » qui maudissent le jeu à quinze centimes la ligne, mais dont les articles seraient également éloquents si dans la boutique d'à côté on leur offrait vingt centimes pour tartiner des dithyrambes en faveur du tapis vert.

Comme les avocats en renom, ils plaideraient le pour et le contre avec une égale vigueur. Je passe sous silence, bien entendu, ceux qui ne font de leurs vertueuses récriminations qu'une question de chantage.

*
* *

Il faut être bien heureux en amour ou en ménage, c'est-à-dire unir la vaillance d'Hercule à la beauté d'Apollon, pour être malheureux la première fois qu'on approche du tapis vert.

Presque toujours le débutant justifie le proverbe « aux innocents les mains pleines ». Et c'est la fatale amorce !

Cette petite boule d'ivoire qui tourne, saute et bondit, est le farfadet moqueur qui vous attire, vous tente, criant au fond de vous-même la couleur ou le numéro qui va sortir. Les possédés l'appellent l'*Inspiration!*

Vous gagnez un coup, deux coups, trois coups... C'est le moment, comme on dit en France, de *filer à l'anglaise*, et en Angleterre de *prendre un congé français*; en d'autres termes, de ramasser son argent et de déguerpir sans tambour ni trompette. Mais peut-on s'arrêter en si bonne voie? Il faut suivre la veine, écouter l'inspiration, ponter, ponter. Mais la déveine est venue. Vous voulez rattraper votre gain qui fuit, jurant de repartir aussitôt, mais le gain est déjà loin et voici le capital qui commence à fondre.

Avertissement plus certain que les présages des vieux augures! Ce serait encore l'instant de gagner la porte, c'est précisément celui où l'on s'obstine à rester jusqu'à ce que le rateau vous ait raflé votre dernier écu.

La roulette a cela de bon, d'ailleurs, qu'elle marche rondement. L'on est vite fixé sur son sort, et l'on ne gaspille pas la moitié de son temps, comme aux cartes, à battre, rebattre, couper, donner et mal donner.

* * *

Quelquefois, de pauvres diables y ramassent de grosses sommes. On en cite qui sont devenus riches en quelques tours de cylindre. « C'est là, dit plaisamment Carle des Perrières, que le ponte légendaire a gagné sur le 13 ou sur le 36 un château sur le Rhin ou une ferme en Beauce, avec sa dernière pièce de cent sous. »

Mais, rien ne doit étonner en cette terre des féeries. Tout y arrive, les gains les plus fantastiques comme les désastres les plus complets.

Les prudents, entre les favorisés, partent pour ne plus revenir. Sans nulle vergogne on peut *faire Charlemagne*. Mais, ces sages, combien sont-ils? Les autres, plus avides, à mesure qu'afflue l'or, en veulent davantage, et toujours, et toujours, jusqu'à ce que la *rouge* ou la *noire* leur reprenne avec usure ce qu'elle leur avait si largement prêté.

Bah! on revient, on revient quand même, poussé, entraîné. En quelque lieu lointain qu'on habite, sur les flancs du Caucase ou sur les rives du Mississipi, d'un coin silencieux de province ou dans le fracas des métropoles, on entend bruire le tintement des pièces, le roulement du cylindre et l'appel du croupier :

Messieurs, *faites vos jeux!*

Et l'on prend le train ou le paquebot, en chantant avec Paul Arène :

> Je vais à Monte-Carlo,
> Où j'ai vu se lever sur l'eau
> La lune ronde,
> Laquelle, à mes yeux éblouis,
> Apparaissait comme un louis
> Doublé dans l'onde.

Au bord d'un abîme d'azur,
J'ai cheminé, le pied peu sûr.
J'ai fait mes frasques
Le long des fabuleux rochers
Où se rôtissent, accrochés,
Les Monégasques.

Et là, parmi les grands cactus,
Les aloès tordus, pointus,
En fer de pique,
J'ai cru voir passer les turbans
De mes bons vieux aïeux, forbans
Venus d'Afrique.

III

Quand on gravit pour la première fois la route un peu raide qui conduit de la Condamine au féerique plateau des Spelugues, l'on ne manque pas d'être surpris du déploiement extraordinaire de forces policières pour un aussi petit État : carabiniers, gardes, surveillants, agents en uniforme ou en bourgeois, non seulement entourent le Casino d'un cordon de sûreté, mais arpentent inces-

samment les chemins, la place, les avenues.
On se demande si quelque crime atroce ne
vient pas d'être commis; si un décavé n'a
pas assassiné un chef de partie et coupé six
croupiers en petits morceaux. Le scélérat a,
sans doute, échappé aux recherches, et c'est
pourquoi, ascendant ou descendant les marches du péristyle, traversant l'atrium, péné-
trant dans les salles, on est examiné par tant
d'yeux défiants, et avec une si scrupuleuse
attention qu'on s'inquiète. Les soupçons ne
pèsent-ils pas sur vous? N'avez-vous pas été
signalé par un perfide ennemi, un policier
maladroit ou un mauvais plaisant? Ces préposés aux portes, ces larbins bleus à mine
sombre, ces sergents silencieux embusqués
dans les coins, ces gendarmes, ne vont-ils
pas se ruer tout à coup sur vous, *coram po-*
pulo, en criant à l'unisson : « Nous le te-
nons ! » et exiger l'inspection immédiate de
vos papiers, tout en se livrant à la visite mi-
nutieuse de vos poches?

Dans les jardins, même surveillance. Des

agents espionnent les allées, explorent les
bosquets, les bancs, les touffes tropicales,
l'œil et l'oreille au guet, comme ces membres de la *Société de vigilance pour la suppression du vice* que l'on voit rôder le soir
dans les parcs de Londres, à la piste des ou-
trages aux bonnes mœurs, et qui, lorsqu'ils
surprennent quelque imprudent trop pressé
se soulageant contre un arbre, le traînent
incontinent au poste, fiers comme Titus de
n'avoir pas perdu leur journée.

Si cette police est parfois tracassière pour
les amants de la solitude qui, plus sensibles
aux séductions d'une prunelle noire ou bleue
qu'à celles du tapis vert, viennent roucouler
à deux dans les réduits de l'Éden aux senteurs capiteuses, si elle gêne et intimide le
nouveau débarqué, l'on ne peut cependant
blâmer l'administration montécarlienne de
cet excès de prudence. Trois à quatre cent
mille étrangers visitent annuellement la Principauté, c'est-à-dire les salons de jeux. Or,
sur ce nombre, je ne crois pas trop m'aven-

turer en estimant à cinquante mille celui des filous et des rastaquouères. Au cercle de Monte-Carlo, comme dans tout cercle de ce genre, où l'on est admis sur la simple présentation d'une carte, le *grec* pénètre sous les formes les plus correctes. Il y a le grec marquis, le grec ancien colonel ou major de table d'hôte, le grec homme de lettres, le grec mylord, le grec prince russe, le grec baron allemand, le grec comte italien, et le roi des grecs : le grec polonais.

Rien donc d'étonnant que les préposés à la sûreté publique semblent vouloir déshabiller de l'œil tout nouvel arrivant. Ces dehors de gentleman ne cachent-ils pas une conscience de laquais? Ces fourrures de boyard ne couvrent-elles pas une défroque de forçat? Ce ruban d'honneur n'orne-t-il pas la boutonnière d'un escroc?

Êtes-vous un simple curieux, un joueur naïf, un débutant, un « systémier »? Venez-vous simplement hasarder un louis sur le tapis, ou y vider votre portefeuille? essayer

de faire sauter la banque, et vous faire sauter
la cervelle ensuite? ramasser les pièces éga-
rées sur les tables, ou celles enfoncées dans
les poches? réclamer une « mise » non
posée, et vous emparer de la masse du voisin? Toutes questions que les agents du
Casino se posent.

S'ils vous voient pendant une semaine,
deux semaines, un mois, ils paraissent surpris mais rassurés. Parfois même, ils vous
font un petit signe de tête amical, tout en
ayant l'air de dire : Toujours lui! Ça dure
bien longtemps! Pas encore décavé! Quel
veinard! — Bah! répond un camarade, il
est venu risquer cent sous. Il a gagné un
« numéro plein », et il fait durer le plaisir.

* *

Autant presque que le chiffre des policiers
s'élève celui des moines. L'éducation de
la jeunesse est entre leurs mains, et il
s'échappe chaque année des cages sacerdo-

tales grand nombre de moinillons, hiron-
delles de sacristie, qui vont annoncer sur
terre et sur mer le printemps spirituel et les
vertus théologales.

Il y a le Collège français de Saint-Charles,
aménagé par un personnel de prêtres sous
la direction de l'évêque ; le Collège italien de
la Visitation, dirigé par les jésuites ; l'École
apostolique, qui leur appartient également,
sans compter les écoles primaires conduites
par des frères et des sœurs, sous leur haute
direction. Quant aux jeunes demoiselles,
elles sont confiées aux soins des Dames de
Sainte-Marie, proches parentes des révé-
rends pères. La liste ne serait pas complète
et la couleur italienne manquerait si je n'y
ajoutais quelques capucins, que l'on voit tout
à coup surgir, poudreux et suants, au coin
des rues ensoleillées.

Le Collège de la Visitation, le principal de
l'endroit, est un ancien couvent de moines
fondé par Louis Ier et sa femme, Charlotte,
fille du maréchal Antoine de Grammont,

pour racheter leurs péchés, affirme l'histoire.

Mais l'histoire est une grande menteuse,
au dire même du jésuite Hardouin, et je lui
préfère de beaucoup la chronique, qui, moins
officielle et moins pompeuse, est par cela
même plus véridique.

Or, d'après la chronique de Monaco, le
couvent ne fut que le prétexte d'un petit
gynécée à portée du prince, qui se réservait
spécialement l'apostolat des recluses.

Parmi les aimées connues de cet émule au
petit pied du vert galant Henri IV, on cite la
célèbre Hortense de Mancini, qui, exilée de
France pour ses cascades, se réfugia à Rome.
Louis de Grimaldi l'y suivit et même la pour-
suivit à Londres, où il disputa ses charmes
au royal amant de Nelly Gwynn.

Ce n'est pas que je fasse un crime à ces
grands de la terre de giboyer et braconner
comme de simples vilains en chasses prohi-
bées ; chacun prend ses plaisirs où il les
trouve et cherche comme il peut sa petite

part de bonheur dans cette vallée de misères et de larmes ; mais, où le prince Louis me déplaît, c'est qu'après les scandales d'une jeunesse et d'une maturité des plus orageuses, usé et vanné, il fut pris de rage de vertu. C'est la coutume, me direz-vous : « quand le diable devient vieux, il se fait ermite ». Mais, le diable fut toujours mauvais modèle à imiter. Donc, atteint avec les courbatures du mal de pruderie, il se mit à éditer un code draconien qui eût fait frémir le vertueux et rigide sénateur Bérenger lui-même.

Ce code, que donne Métivier dans son *Histoire de Monaco*, porte la date de 1678, et mérite d'être cité, ô lecteurs bénévoles, pour votre édification à tous. Bonnes gens que nous sommes, félicitons-nous de n'avoir pas vécu sous la verge du pieux Louis ; nous eussions passé, vous et moi, un vilain quart d'heure. De vous, je n'affirme rien, mais, pour moi, j'en suis sûr, et je cherche vainement parmi mes plus chastes connaissances s'il en est une seule qui eût échappé à la chiourme ou à la corde. Fourrager dans les bosquets de Cythère était puni à l'égal du larcin. L'adultère, selon l'âge, entraînait pour l'homme les galères ou la mort. Quant à la femme, le code est muet. On la livrait, sans doute, à la justice secrète des capucins qui la faisaient prompte et bonne. Les auteurs, colporteurs ou simplement chanteurs, de chansons légères étaient passibles de peines *extraordinaires* — ce mot fait rêver — ou de mort, selon la gravité du cas.

On le voit, il n'en eût pas resté beaucoup de vivants parmi nos fabricants d'ariettes.

* * *

Sur ce rocher chauffé des ardeurs solaires, enveloppé de l'émolliente brise, la vertu devait être, cependant, aussi difficile qu'ailleurs, et à l'heure actuelle les petites Monégasques ne me paraissent pas engluées d'une pruderie repoussante et farouche. De plus, elles sont jolies et l'on peut leur appliquer ce que Jean d'Anton disait, au temps jadis, de leurs voisines de la Riviera : « Elles sont de moyenne et rondelette stature, assez bien charnues, moult fraîches et blanches. En allure, un peu altières et fiérettes, en attraict benignes, en accueil gracieuses, en amour ardentes, en parler fécondes, et scavent dégaudir si bien leur leçon que rien ne leur en fault apprendre. »

Ne vous étonnez donc plus de rencontrer tant de moines, gens friands, délicats et appréciateurs du beau sous toutes ses formes,

> Là, sur cette rive embaumée,
> Où, groupés au vallon riant,
> Les beaux arbres de l'Orient
> Semblent tous murmurer l'antienne
> De la jeune vierge chrétienne,
> Remplissant les bois d'alentour
> De parfums, de fleurs et d'amour.

CHAPITRE III

LA ROULETTE

I

Le jeu des osselets, d'après un vieux dicton, est un jeu d'enfants; les échecs, un jeu de moines; le trictrac, un jeu de malades; les dés, un jeu de coupeurs de bourse; les quilles, un jeu de manants; le loto est pour les jeunes filles et les boutiquiers retirés. Le billard, autrefois appelé « noble », est devenu le passe-temps des commis voyageurs. Les cartes sont le jeu de tout le monde.

La roulette, relativement moderne, n'a pas encore été classée, mais écoutez ce qu'en pense un expert :

« Violente, endiablée, fatale lorsqu'elle s'empare d'un être humain, elle ne le quitte plus ; sur dix joueurs de roulette, neuf ont eu ou auront un bon commencement d'aliénation mentale. C'est la distraction favorite des illuminés ; les femmes l'adorent presque toutes ; avec elles, ceux qui lui fournissent le plus de victimes sont les Italiens et les Russes ; vous le voyez, les nations superstitieuses. »

On demandait un jour à François Blanc s'il donnerait volontiers sa fille à un joueur.

— A un joueur de trente-et-quarante, peut-être, répondit-il ; à un joueur de roulette, jamais.

Faut-il en conclure que la roulette est le jeu des fous ?

C'est en tous cas, écrivait Adolphe Belot, le jeu le plus affolant qui soit au monde.

« De vieux endurcis, qui savent garder

leur sang-froid à l'écarté, au baccara et au
trente-et-quarante, se passionnent, s'enfièvrent devant ce tapis chargé de numéros, ce
cylindre, cette machine tournante. Ils s'as-
seyent avec l'intention bien arrêtée de jouer
les chances simples, les chances raisonna-
bles : rouge, noir, passe, manque, pair, impair, et bientôt les voilà qui courent aux
sixaines, aux transversales, entourent de
louis les numéros, les nourrissent, les nourrissent toujours jusqu'à ce que leur nourris-
son les mange. »

***

Axiomes bien connus de tout joueur prudent : « Il ne faut pas s'attacher à la table.
Le ponte obstiné est perdu. Ceux qui « man-
« quent d'estomac » doivent éviter de prendre un siège. »

— Est-il assis ? demandait simplement
François Blanc quand on lui annonçait qu'un
ponte faisait passer à lui les capitaux de la
banque.

— Oui.

— Eh bien, pas d'inquiétude. Il nous les rendra.

Et c'est ce qui arrive huit fois sur dix.

Mais s'il est difficile de s'arrêter dans le gain et de dire en face du tas d'or et de bank-notes grossissant : « J'en ai assez », il l'est plus encore dans la poursuite de l'argent qui file. Blanc, maître en la matière, l'expérimenta à ses dépens. Grand joueur lui-même, il avait appliqué au jeu son esprit pratique, avant de se servir de la folie des joueurs.

Des systèmes plus ou moins infaillibles, combien en étudia-t-il ? Y avait-il foi ? Modérément, sans doute, mais on raconte qu'en certaines circonstances il en livra le secret à des amis malheureux, qui le mirent à profit contre sa propre roulette. Devenu vieux, par principe, il ne jouait plus.

Un jour, cependant, se trouvant en villégiature à Wiesbaden avec sa femme, celle-ci prit fantaisie d'un parasol exposé dans une de ces luxueuses petites boutiques qui avoisinent les casinos et où l'on paie tout objet le triple de sa valeur, et l'ombrelle, qui valait 25 francs, lui fut comptée 80.

L'on a beau être millionnaire, l'on n'aime pas être filouté; après quelques paroles aigres, comme il s'en échange entre conjoints, le mari se dit qu'il serait bien sot de ne pas rattraper l'argent gaspillé par sa femme.

On était à la porte du casino. Quoi de plus facile? En quelques tours de cylindre les 80 francs rentreraient dans sa poche, et il aurait l'ombrelle pour rien.

Il s'approche d'une table, met deux louis sur la noire. Rouge! Quatre louis à rouge; la noire reparaît. Il reponte, reperd, enrage, s'entête. Un billet de 500 francs s'éclipse, un de 1.000 le suit. Le chef de parti, attentif et obséquieux, fait apporter une chaise au célèbre tenancier. Blanc s'asseoit, il est perdu. En avant, la fameuse martingale! mais il est trop tard pour l'oser; les billets de mille succèdent aux billets de cent, et comme eux se sont fondus. Blanc oublie l'heure du dîner,

il court après son argent ; les quatre louis
de l'ombrelle se .sont centuplés. Son portefeuille est vide. Il emprunte 50.000 francs à
la banque. Ils rejoignent les camarades. Onze
heures sonnent, « les trois dernières, messieurs ». Il se lève enfin, mais raflé. L'ombrelle de sa femme lui coûte 91.000 francs.
Le lendemain il se sauvait de Wiesbaden.

Dans son livre, *Paris qui Joue et Paris qui
Triche*, Carle des Perrières raconte qu'il
connut végétant à Nice un grand d'Espagne,
qui avait perdu sa haute situation et sa fortune pour courir après quatre louis qu'un
grec lui avait volés à l'écarté !

II

Balzac a écrit quelque part que la Provi-
dence (!) a posé le dégoût à la porte de tous
les mauvais lieux. Il faut en rabattre. Dégoût
pour ceux qui sortent décavés, non pour ceux
qui entrent, car personne n'entrerait. Donc,

étant donné qu'aux yeux des puritains toute maison de jeu est un mauvais lieu, nous voici en face du Casino, entrons-y gaiement et passons dans les salles.

Rien d'intéressant comme d'examiner les tables garnies de pontes. Sous le calme apparent de la surface, des tempêtes s'agitent sous ces crânes, des sarabandes battent dans ces poitrines ! Du premier coup, vous distinguez le joueur victorieux de celui qui court à la défaite finale; le spéculateur qui cherche sa matérielle, de l'illuminé qui attend l'inspiration; l'emballé, le peureux, le toqué, le riche, l'avare, le besoigneux. Et presque tous s'efforcent de rester impassibles. Mais entre les joueurs, les plus beaux sont les Anglais, — je parle du gentleman et non du *cad*, déposé là par l'agence Cook, et qui se comporte en portefaix, — les classes inférieures, d'ailleurs, sont dans tous pays plus ou moins démonstratives, — mais l'Anglais bien élevé conserve dans le gain comme dans le décavage la correction immuable, au contraire des races latines, exubérantes dans la douleur comme dans le plaisir.

On connaît le célèbre tableau d'Hogarth, représentant un tripot. Le feu prend à la taverne, les flammes lèchent déjà les lambris de la salle, le guet fait irruption. Mais de la flamme, de la fumée, des sergents, les joueurs ne voient, ne sentent, n'entendent rien : le tapis vert les hypnotise; ils continuent fiévreusement la partie.

Il y a quelques années, un colonel anglais, trois jours durant, s'acharne contre l'effroyable déveine; le quatrième il jette ses derniers louis, que ramasse le fatal rateau. Alors, froidement, sans un mot, sans bouger de sa chaise, il tire de sa poche un revolver, et, le coude appuyé sur la table, se fait sauter la cervelle. Grand brouhaha. Ses voisins s'écartent horrifiés. On enlève prestement le cadavre, on ramasse les débris du crâne, la bouillie cérébrale, on lave le sang, tandis que les pontes, femmes comprises, se gardent

5.

de quitter leurs places, de peur que d'autres ne s'en emparent, et une dame mignonne et jolie, tournant ses louis sous ses doigts, frappant nerveusement du pied, murmurait avec impatience : « Ce monsieur aurait bien pu aller se tuer plus loin. » Cinq minutes après, la voix du croupier s'élève impassible : « Messieurs, faites vos jeux. » Et l'on n'entend plus que le bruit sec de la petite boule bondissant sur le cylindre.

Tous heureusement ne prennent pas si tragiquement les pertes. Le baron de Hom, qui en 1869 vit fondre en une seule nuit à Bade plus de 300.000 livres sterling et compléta sa ruine en voulant se refaire, nargua le sort en se contentant de changer la vieille devise de sa famille : *Cave Deum*, en celle-ci, plus en rapport avec sa situation : *Décavé de Hom.*

La plupart des décavés attendent patiemment le retour de la fortune. Ils savent qu'un coup heureux suffit et n'abandonnent jamais l'espoir. Ils suivent le précepte espagnol : « Lorsque tu n'as plus d'argent, ne t'éloigne pas de la maison de jeu », et fréquentent assidument les salles. Le hasard est émaillé de surprises. C'est un ami qui survient à point pour vous prêter le louis sauveur, un *orphelin* égaré, que *pieusement on recueille* [1]; une pièce ramassée sous un banc.

J.-J. Rousseau n'admettait qu'une excuse pour l'homme qui franchit la porte d'une maison de jeu : c'est lorsque entre lui et la mort il ne reste que son dernier écu. Mais Rousseau, lourd Génevois et protestant atrabilaire, ne comprenait et n'excusait que les passions qu'il avait lui-même éprouvées.

Le vrai joueur ne se tue pas, car s'il n'a pas toujours un écu en poche, il lui reste, je le répète, l'espérance qui le garde de male mort.

1. On appelle *orphelins* les pièces que personne ne réclame. Le fait arrive assez fréquemment. Des joueurs pontant sur plusieurs chances à la fois, oublient quelquefois où ils ont ponté. La mise reste sur le tapis et le ramasseur d'orphelins s'en empare. J'ai vu à une table de roulette payer un maximum à un joueur qui n'avait pas ponté et le déclarait, mais l'enjeu était devant lui, nul ne le réclamant, le chef de partie le lui attribua.

CHAPITRE IV

SORCIÈRES ET PONTES

..... Des vieilles femmes... beaucoup de vieilles femmes.
(Adolphe BELOT.)

La physionomie des femmes est entre
toutes curieuse. En général, la joueuse, je
parle de la joueuse de profession, et non de
celle qui s'asseoit par hasard devant le tapis
vert, perd, même quand elle est jeune, les
gracieux attributs de son sexe ou du moins
les charmes attribués à son sexe : candeur,
générosité, douceur, bienséance. Tout cela
reste sur les banquettes de l'atrium où elles
oublient quelquefois leur progéniture : « At-
tends-moi cinq minutes, le temps de jeter un
coup d'œil sur les tables ». L'enfant attend,

bâille, s'endort; la mère ne reparaît que quelques heures après.

Adolphe Belot vit un jour une petite fille de huit ans laissée depuis plusieurs heures par son institutrice dans un coin du vestibule « L'enfant, dit-il, pleurait, se désolait, tandis que l'institutrice perdait à la roulette les appointements reçus le matin, pour bien veiller sur son élève. »

Si la femme est au jeu plus patiente, plus cupide, disons le mot, plus voleuse que l'homme, elle est moins apte que l'homme à maîtriser ses impressions; aussi lit-on sur ces visages boursouflés d'une malsaine graisse, ou ravagés par le cancer rongeur des cupidités, sœurs de la rapine, tous les vices qu'engendre l'âpre soif du gain.

* *

Autour des verts tapis, des visages sans lèvre,
Des lèvres sans couleurs, des mâchoires sans dent,
Et les doigts convulsés d'une infernale fièvre
Fouillant la poche vide ou le sein palpitant.

C'est le vilain tableau qu'en traçait Baudelaire ; il est vrai qu'il parle d'un tripot. Aux tables de Monte-Carlo, il n'est pas que des visages sans lèvres. Bouches roses et dents blanches ne s'y comptent plus ; mais si les jolies femmes abondent, si d'aimables essaims papillonnent autour des tables, les vieilles s'y rencontrent en bataillons pressés.

Ayant renoncé à l'espoir de soutirer un louis au ponte le plus ahuri, elles prennent d'assaut les tables dès l'ouverture, et ne vident la place que vidées elles-mêmes ou satisfaites de la journée. Brûlées, fatiguées, avachies, désexées, déteintes, leur œil ne s'allume qu'au bruit du roulement du cylindre, et malgré le masque du visage, on devine les pulsations du viscère qui ne bat plus que pour la pièce de cent sous.

Des tables entières sont garnies de ces Parques ; on dirait du banquet des Euménides. Chaque siège est occupé par une furie, tandis que le croupier, exclusivement flanqué de ces jupes, leur lance imperturbablement l'appel traditionnel : « Messieurs, faites vos jeux ! »

Ces sorcières, pour la plupart vieilles gardes en réforme, n'ont que la roulette pour vivre. Unique ressource de leur peu respectable vieillesse, elles la ménagent sagement ; les chocs et les chutes de la fatale pente quinquagénale leur ont enseigné à mettre un frein à leurs antiques convoitises.

Elles savent que le mieux est l'ennemi du bien et que roitelet en main est préférable à pigeon qui vole. Chacune d'ailleurs a son système qui peut s'expliquer en un mot : « Prudence », et sachant combien la fortune est capricieuse elles déménagent au premier gain.

De telles femmes, disait La Bruyère, rendent les hommes chastes.

* *

Ah! ce ne sont pas elles qui songent à faire sauter la banque, cette chimère caressée des naïfs; mais, par contre, la banque non plus ne les fera jamais sauter. Loin de gagner sur elles le moindre fifrelin, la Roulette, bonne fille, les entretient modestement. J'en sais plusieurs douzaines installées le long de la Côte d'Azur défrayées par le tapis vert. Elles habitent Menton, la Condamine, les Moulins, Saint-Raphaël, San-Remo, Nice, — surtout Nice, — et les trains du littoral en amènent et en emportent quotidiennement des échantillons disgracieux et variés.

Rapineuses d'ailleurs, elles s'emparent volontiers de la masse du voisin, si le chef de partie n'y prend garde, réclament avec hauteur le numéro gagnant qu'elles ont *oublié* de ponter, et saisissent d'une main leste, et avec un front qui ne sait plus rougir l'enjeu du petit jeune homme timide qui n'ose trop protester.

Croupiers, inspecteurs, vieux joueurs, agents et garçons de salle les connaissent et savent quelques chapitres de l'histoire de leur vie : généralement une longue chronique scandaleuse abondamment farcie, souvent augmentée de deux ou trois causes grasses et parfois relevée au piment d'un drame où le sang a coulé.

*   *   *

Le Dr Véron raconte dans ses *Mémoires d'un Bourgeois de Paris*, que les tripots du Palais-Royal furent, après les Cent-Jours, fort achalandés par des escouades de dames entre deux âges qui se disaient veuves de colonels et de généraux tués à Waterloo. Elles servaient d'amorce aux provinciaux et aux petits jeunes gens, amateurs des femmes mûres. Quelques-unes, d'ailleurs, étalaient de beaux restes, et celles dont les restes n'étaient plus que des ruines suppléaient à cette insuffisance par des récits touchants, versant sur le jabot de Chérubin des larmes apéritives que leur arrachait le souvenir des malheurs qu'elles avaient *évus*. Mais, c'était des appeaux tendus par l'entrepreneur du brelan, tandis que les Sorcières de Monte-Carlo travaillent pour leur compte. Les premières prenaient ou recevaient des sobriquets significatifs qui aidaient à les reconnaître et contribuaient à leurs succès.

On voyait *La Bérésina*, dont de brillants peletons d'officiers à pied et à cheval avaient jadis rompu la glace, *La Belle Polonaise*, *Le Joli Sapeur*, *L'Ancienne à Murat*, *Le Pont-d'Arcole*, sans doute à cause des difficultés qu'éprouva le premier vainqueur à en forcer le passage en face d'une imposante batterie.

Les Sorcières de Monte-Carlo sont les dignes filles de leurs aïeules du Palais-Royal.

J'eus la bonne fortune de m'introduire, non dans l'une de ces places démantelées, mais dans la confiance d'un vieux ponte, voisin de table d'hôte, qui en remerciement de quelques louis qu'il se hâta d'aller perdre, voulut bien me servir de cicerone dans cette galerie de portraits macaroniques et mélodramatiques et me pointer les figures les plus familières de cette vivante *Olla Podrida* où jeunes princes, vieilles portières, duchesses, courtisanes, pick-pockets, banquiers, miséreux, banqueroutiers, magistrats, généraux et sous-lieutenants, Vénus, et Alecto, se coudoient, se pressent, se poussent, mêlés, confondus sous le sceptre du croupier, le rateau égalitaire.

Je doute cependant que celles qu'on me désignait aient accepté leurs surnoms de bonne grâce...

Oyez plutôt :

« La veuve des Pendus » ; « la Sorcière du Mont Vésuve » ; « la Vendeuse d'Anges » ; « la Noyée » !

Voici « la Bouée », grosse commère toute ronde, appelée ainsi soit à cause de sa corpulence, soit parce qu'on la voit reparaître gonflée et épanouie après les plus complets décavages, surnageant au milieu des tempêtes et du flux et reflux des marées fatidiques.

« La Femme aux quarante Crimes », quinquagénaire en deuil, à l'œil dur, à mine sinistre. Elle va de table en table jeter ses louis sur des numéros qu'elle nomme d'une voix stridente, semblant les évoquer de quelque chaudron où ont bouilli des tas de petits enfants.

Elle gagne, perd avec une impassibilité égale. Cherche-t-elle l'oubli? Quel malheur l'a frappée? Sort-elle d'un palais, d'une loge, d'une maison centrale? A-t-elle prématurément cousu dans le linceul deux ou trois maris trop lents à disparaître, expédié à l'aide d'un bon philtre une demi-douzaine de collatéraux fâcheux, étranglé son vieux père, étouffé ses enfants? Est elle simplement une honnête dame, victime du sort acharné? « Chi lo sa? » C'est « la Femme aux quarante Crimes ». Nul n'en sait rien de plus. Et ce qu'est la réputation! De même qu'il suffit de crier « Au héros! » pour que la foule acclame le premier mannequin venu et « Au voleur » pour qu'elle écharpe le plus honnête homme, de même il me sembla, dès qu'on m'eut désigné cette mystérieuse habituée des salles, sentir autour de ses sombres jupes de veuve une odeur d'officine pharmaceutique, d'herbes vénéneuses, de cornues scélérates!

Cette autre mégère aux lourdes pendeloques, dont les bajoues tombent flasquement comme des peaux de rhinocéros et qui paraît atteinte d'une maladie de foie, fut jadis l'héroïne d'un procès célèbre. Un jeune imbécile se brûla la cervelle à la porte de sa chambre à coucher. Elle était rose et svelte alors, et ses yeux brillaient de l'éclat homicide. Maintenant la graisse l'étouffe. On l'appelle « la Jaunisse » et rien que sa vue suffirait à la donner.

Si l'âme en peine des suicidés vient errer,

6.

ainsi que nous l'enseigne notre Sainte Mère l'Eglise, autour des vivants qui leur furent chers, quel terrible châtiment !

J'ai souvent pensé que là peut-être s'allume l'enfer de tous ces morts tragiques, victimes du mal d'amour : revoir avec leurs yeux de l'autre monde, sans les menteuses illusions et les prismes trompeurs du nôtre, après dix ou vingt années écoulées, parfois même après dix minutes, l'objet cause de la catastrophe !

Et les faiblesses, et les lâchetés, et les compromis, et les étouffements de la conscience, et la douleur des siens, et « l'irréparable » ! Et pour qui ? Pour cette créature ! Ah ! c'était par trop fou ! Des remords, des remords pendant l'Éternité !

Voici une matrone à mine austère qui ne ponte qu'après de grandes réflexions et l'examen minutieux d'un cahier bourré de chiffres et de signes cabalistiques, la modeste pièce de cent sous du pauvre.

— Ce ne sont pas des signes cabalistiques,

me dit mon vieux ponte, mais des figures de son *système*.

— Elle ne paraît pas y avoir grande confiance, car elle *grimeline* joliment.

— Vous vous trompez. C'est une martingale savante par laquelle elle est certaine de faire fortune. Il ne lui manque que dix mille francs pour l'expérimenter.

— Une misère!

— Bah! elle les trouvera. Avez-vous remarqué dans l'atrium une toute jeune et très jolie blonde, quatorze ans au plus, assise solitaire sur une banquette, ses grands yeux bleus tournés anxieux vers la porte des salons? C'est la fille de cette respectable dame, une jeune personne bien élevée qui ne demande qu'à tirer sa maman d'embarras. Elle cherche pour cette digne mère un gendre, fût-il de la main gauche, pourvu qu'il apporte dix billets de mille.

— C'est payer un peu cher un billet de cour d'assises.

— Passons alors de la blonde à la brune

et avançons d'un lustre le temps des amours. Celle-ci est de l'âge d'un très vieux bœuf; elle est aussi à vendre ou à louer.

— Cette gamine en jupe courte, attifée comme une poupée.

— Gamine? mettez votre binocle. Voilà cinq ou six saisons que je la vois ici et depuis au moins trois elle a droit aux robes d'adulte, mais sa mère la maintient systématiquement dans une longue adolescence. Est-ce pour se rajeunir? Faire reverdir le printemps dans les cœurs refroidis? Les deux peut-être. Elle est affable et de bonne compagnie. On l'appelle la *nourrisseuse*.

— Elle nourrit des enfants pauvres?

— Non, des numéros. Elle les entoure de tendresse, les suit avec un zèle infatigable, les *charge*, suivant l'argot d'ici, en *plein*, en *carrés*, à *cheval*. Ça lui réussit... quelquefois. Elle a eu des hauts et des bas, beaucoup de hauts même. Mais elle ne sait jamais s'arrêter quand il faut, et on la voit, de temps à autre, en quête d'un louis.

— Quel est ce chevalier de la triste figure aux longues moustaches blanches, qui marche écloppé et fourbu comme Don Quichotte après sa bataille contre les moulins à vent?

— Un marquis décavé. Il n'a livré de combats qu'à la roulette et ses blessures lui coûtent plus d'un million. Il comptait en avancer un second en ligne, lorsqu'un conseil judiciaire termina la campagne. Le voilà logé, nourri, chauffé, habillé par les soins de ses collatéraux. Ils poussent la générosité jusqu'à lui accorder chaque semaine vingt francs d'argent de poche qu'il court clopin-clopant jeter sur le tapis. Lui aussi a découvert un système infaillible pour gagner cent mille francs par an, mais plus d'argent pour le jouer. Hélas! C'est toujours ainsi!

Oui, continua mon cicerone, vous trouvez ici de curieux échantillons de toutes les laideurs humaines, comme disent les moralistes, gens d'ordinaire aussi vicieux qu'impuissants, et toutes les infirmités morales s'y donnent rendez-vous. Tenez, vous qui avez consacré

dans un de vos livres un chapitre au bonhomme Loth, le voici justement escorté de
ses deux filles.

— Comment! ce vénérable vieillard à tête
de président de police correctionnelle!

— Quoi d'étonnant! Loth n'était-il pas
quelque peu magistrat à Sodome? Cependant
rassurez-vous pour le bon renom de nos pré-
teurs. Ce n'est pas un magistrat mais un ancien professeur de belles-lettres qui à force
d'étudier la littérature des anciens s'est épris
de leurs mœurs.

* * *

Vous connaissez le célèbre baron Rapi-
neau. Le voici près du croupier étalant sa face
mafflée, son nez d'oiseau de proie et son
ventre de silène. Une rosette raccrochée dans
de véreuses affaires s'épanouit insolente et
énorme sur son veston anglais. Un officier en
la voyant met la sienne dans sa poche.

Il joue gros jeu, le maltôtier. De combien

de larmes et de sueurs furent arrosés les
billets volés qu'il entasse et les rouleaux d'or
qu'il éventre sur le tapis! Il perd, il gagne,
il reperd. Hier, il a ramassé cent mille francs;
aujourd'hui, c'est la revanche de la banque.

Puisse la déveine continuer, gredin!
Puisse-t-elle aplatir à jamais ton portefeuille,
vider la caisse que tes rapines ont remplie
et t'obliger à te cravater de chanvre! Ce sera
le seul acte méritoire de ta vie.

*
* *

Je le répète, les somptueux salons de
Monte-Carlo réunissent le plus étrange pot-
pourri que l'on puisse imaginer. Toutes les
nationalités y coudoient toutes les positions
sociales décemment vêtues.

Les princes et les rejetons de l'altière
noblesse de la vieille Europe s'y asseoient à
côté des marchands de cochons de Chicago et
des goujats enrichis des Deux Mondes; le fier
général y rencontre le louche déserteur; la

marquise, sa couturière; le clubman, son ancien valet. J'ai trouvé à Monaco, écrivait lord Brougham, les spécimens de tous les types intéressants de la civilisation. Dans l'espace d'une semaine, j'ai parlé art avec les plus célèbres artistes, littérature avec les auteurs les plus en renom, galanterie avec les reines des premiers salons et des premiers théâtres de l'Europe, politique avec les plus éminents hommes d'Etat...

Tous, haletant aux mêmes tables, s'enfièvrent et pâlissent sous les mêmes cupidités, subissent les mêmes délirantes ou décevantes émotions, secoués par l'espérance qui, selon Vauvenargues, est à la fois le plus précieux et le plus pernicieux des biens.

* *

Connaître l'angoisse qui vous saisit au roulement du cylindre ou au moment suprême où la carte va tourner; attendre palpitant en dissimulant ses craintes et ses

espoirs; ressentir le coup aigu que donne
la bille de marbre soubresautant autour du
numéro où est jeté votre dernier louis, puis
rester en suspens sur la pente et tomber dans
la case voisine; éprouver la joie excessive du
gain, la plus vive de toutes les joies; et tout
cela, ces douleurs et ces ivresses successives,
ces coups de couteau au cœur, répétés cinquante fois par heure, sont plus meurtriers
que la débauche, que le labeur ingrat et dur.

CHAPITRE V

LES YSTÉMIERS

I

L'honnête bourgeois aux mœurs paisibles, le correct fonctionnaire de Mirecourt ou de Pont-à-Mousson, le petit rentier parcimonieux qui joue le soir au coin du feu le loto bébête, le domino patriarcal ou l'écarté à un sou la fiche, ceux enfin qui n'ont jamais affronté les fiévreuses soulées de Monte-Carlo ne peuvent se rendre compte des bizarreries de la roulette pas plus qu'ils ne comprendront celles de ses habitués.

La petite boule d'ivoire ne semble pas

courir sous l'impulsion machinale d'une poussée aveugle, livrée aux fantasques irrégularités du hasard, mais obéir aux caprices intelligents d'un lutin moqueur qui machine votre ruine lorsque la déveine commence à s'attacher à vous.

Ainsi, jouez sur les intermittences, c'est-à-dire alternativement sur la *rouge* et la *noire*, vous pouvez être certain qne vos calculs seront aussitôt déçus par une succession de *rouges* ou de *noires*; essayez alors les séries, les intermittences reparaîtront.

Poursuivez une couleur, un numéro, une douzaine, vous êtes perdu. J'ai vu se ruiner à l'affût du zéro un joueur armé d'une martingale prétendue infaillible et d'une patience sûrement infatigable.

Il attendait pour ponter que le zéro n'ait pas paru depuis 50 coups. Il commença par gagner d'assez grosses sommes, puis, finalement, sauta. Le zéro, après être sorti plusieurs fois de suite, ne se montra de la journée. Il est rare qu'une douzaine soit plus de dix ou douze coups sans venir, et, si vous avez quelques renforts en poche, vous êtes à peu près certain en usant d'une marche prudente de les voir chaque jour grossir ; mais si vous vous emballez, la banque de Rothschild ne suffirait pas à combler le gouffre où vous allez vous jeter.

L'ancien commissaire des jeux, de Gourlet, m'affirma avoir vu une douzaine rester cinquante-sept coups sans se montrer.

Un vieux chef de partie me cita un numéro, le 17, je crois, qui ne fut pas amené à une table pendant trois jours consécutifs. Dès la fin du premier jour, tous les *nourrisseurs* de numéro pontaient.

Ce fut bien autre chose le lendemain, on s'y précipita à l'ouverture des salles, il y eut de terribles bousculades ; c'est à qui miserait sur le 17.

Il fut si fortement chargé que les croupiers avaient peine à s'y reconnaître ; s'il était sorti la banque sautait. Le génie familier de M. Blanc empêcha ce désastre. Les joueurs désertaient les tables voisines pour assister à l'accouchement du 17; il ne se montra que le troisième jour, et, comme pour rattraper le temps perdu, douze fois en moins d'une heure. Trop tard! Les ponteurs étaient décavés. Les nouveaux venus, les joueurs d'occasion en profitèrent seuls, mais novices ou timides en profitèrent mal, se contentant de miser deux ou trois pièces, bagatelle de quelques mille francs, tandis qu'un numéro *chargé* à toutes les chances peut d'un coup vous en donner près de cent mille! (¹)

Mais le plus intelligent de tous est cet Anglais qui, pendant toute une année, vint, deux fois par jour, au casino, régulièrement, matin et soir, avec, chaque fois, un seul louis en poche. Il s'approchait d'une table de trente-et-quarante, suivait quelque temps le jeu, puis, posant sa pièce, disait au croupier :

1. Le chiffre exact est de 98.540 francs.

— Je laisse ma mise. Si je fais le maximum envoyez-moi prévenir : je vais à la table, voisine.

Et la chronique affirme qu'une fois par mois il gagnait son maximum. Sur soixante coups, il ne lui fallait, en effet, que la chance de rencontrer une série. Quand il eut réalisé de la sorte une centaine de mille francs, il boucla ses malles, prit le train, et on ne le revit plus.

II

On raconte que le fameux John Law, qui fit danser tant de millions, après avoir tout perdu dans une pirouette suprême s'en fut ensevelir la honte de sa ruine à Venise, n'ayant gardé de sa splendeur passée qu'une poignée de pistoles. Logé dans un grenier près du Canal, il en descendait chaque soir pour se glisser dans un des nombreux tripots qui avoisinaient la place Saint-Marc, et en ressortait avec les quatre ou cinq ducats nécessaires à sa pitance quotidienne. Déjà, avant son système financier, il avait tâté avec succès, les tapis verts de Bruxelles, de Paris, de Turin, de Gênes, et les mêmes tripots de Venise l'avaient vu jadis, heureux joueur, leur enlever de grosses sommes. Maintenant, il ne risquait qu'un enjeu infime, suivant rigoureusement une méthode invariable, et partait après quelques coups, gain ou perte. Et c'est ainsi qu'il passa sa vieillesse, dans un gatelas, vivant de sardines, de pigeons, de macaroni, plus heureux, disait-il, que dans son somptueux hôtel de la place Vendôme, alors qu'il était le favori du Régent, et l'idole des Parisiens. *Sic transit gloria mundi.*

Comme Law de Lauriston, quantité de moins illustres personnages, décavés du jeu ou de la vie, mâles et femelles, viennent chaque jour chercher sur les tables de Monte-Carlo leur quotidienne pâture. On les voit arriver à 11 heures très précises, de Nice, de

Menton, de Cannes, de Saint-Raphaël, de Bordighera. Ils s'emparent les premiers des tables, et, calmes, patients, attentifs, guettent le moment. Se contentant de gains modestes, mais à peu près sûrs, ils quittent la table dès qu'ils ont fait leur journée — ce qui s'appelle « la matérielle », — et coulent doucement leur petite existence aux frais du Casino.

L'administration, paraît-il, refuse maintenant l'entrée à ces parasites du tapis vert, qui, depuis de longues années, vivaient aux frais de sa caisse, ce qui tendrait à prouver l'axiome de Law, confirmé par d'Alembert, qu'à part les tricheries et les voleries il est des lois mathématiques pour combattre le hasard.

C'était aussi l'avis de Napoléon qui prétendait que le calcul finirait par vaincre les maisons de jeu.

« Ne riez pas des joueurs méthodiques, des calculateurs, des joueurs à système, disait François Blanc, ce sont les seuls qui pourraient être dangereux pour la banque. Heureusement pour elle, je n'en connais pas.

Il vient toujours un moment où toutes les méthodes, tous les calculs, tous les systèmes le cèdent à la fantaisie, qui ne tarde pas à lui rendre ce que les combinaisons premières lui ont enlevé. »

* *

Maintes fois des syndicats se formèrent pour attaquer la banque, en suivant prudemment certaines martingales. Comme tout arrive, et peut arriver au jeu, surtout les choses les plus invraisemblables, il en est qui ont réussi.

C'est une association de ce genre qui, au mois de février 1891, prit à la caisse des capitaux se chiffrant par plusieurs millions.

A côté de cela il est des défaites, et de nombreuses. Les capitaux péniblement réunis se fondent comme durent les roses, sinon l'espace d'un matin, mais celui de deux ou trois soirs.

On citait dernièrement un brave curé de campagne, qui, *allumé* par un professeur de roulette, parvint à réunir 150,000 fr., produit de ses économies et de celles de ses plus fidèles ouailles, dans le but saint, disait-il, de reprendre au diable l'argent des « débauchés ». Que de bonnes œuvres on allait pouvoir faire ! On rirait joliment, dans la sacristie !

Mais rit bien qui rit le dernier, et le dernier fut le diable, plus malin que le curé. Dès la première séance, le pieux syndicat perdit 25,000 fr. « Bagatelle, dit le professeur, nous en avons vu bien d'autres. Demain nous les regagnerons, escortés de 50.000. Mais le lendemain nouvelle déveine. Les deux ou trois dévotes qui avaient accompagné l'expédition, terrifiées de ce désastre, supplièrent le curé d'arrêter les frais. Il reprit au professeur, qui jurait qu'on allait tout regagner, les 125.000 francs restants, et il rentra tout piteux rendre compte du mauvais succès de l'entreprise à ses ouailles furibondes.

****

Entre autres singuliers types, j'observais un jour un gros Allemand, aux traits massifs. On pouvait le ranger dans la catégorie de ceux qu'Adolphe Belot appelle les *nerveux*, ou les *ambulants*, et il était du dernier comique. Après avoir posé sa mise, il regardait droit devant lui ; puis, entendant au mouvement ralenti de la bille que son sort allait se décider, il jetait sur le cylindre un coup d'œil anxieux, et, avant l'annonce du croupier, à un geste d'épileptique, à un soubresaut comme s'il recevait un coup de pied au bas des reins, j'avais lu sa déveine.

Alors, sans perdre une seconde, il courait à la table voisine en murmurant d'inintelligibles malédictions. Jamais je ne le vis s'asseoir ni ponter deux fois consécutives sur le même tapis. Il promenait sa malchance de table en table, jouant à l'aveuglette, faisant exécuter la ronde macabre à ses poignées d'écus. Je le suivais dans sa tournée circulaire; il m'amusait et me navrait à la fois. Il avait débuté par des billets, puis les louis étaient venus, et finalement ce que Gavroche appelle les « roues de derrière ».

Mais, en avançant ses dernières réserves, leur disparition rapide apporta un changement dans l'expression de sa douleur. Plus d'injures tudesques au sort acharné, mais un ricanement sardonique, un rictus si douloureux que je ne songeais plus à le trouver grotesque. J'eus voulu le voir gagner, partir content; mais la déveine se collait à lui en pieuvre.

Le lendemain, je le sentis près de moi. Il venait sans doute d'accomplir son chemin de la croix habituel, en station douloureuse aux huit tables de roulette, car il ne tenait plus qu'une pièce, un louis qu'il tournait dans ses doigts, le dernier, évidemment, se demandant s'il allait le risquer, jouer le tout, comme font beaucoup de décavés, ou prolonger son malheur en quatre chapitres. Agité d'un tremblement nerveux, ses yeux caves, brûlés, fiévreux, décelaient une nuit sans sommeil, une nuit de désespérance.

J'étais aussi en déveine. Je poursuivais, *j'engraissais* le zéro qui s'obstinait à ne pas se montrer. J'avais attendu patiemment le cinquantième coup d'après une marche prudente que m'avait indiquée Adolphe Belot et depuis 85 coups je pontais. Mon dernier écu venait d'être ratissé.

— Essayez le zéro, dis-je charitablement à mon homme, voici 135 fois qu'on le passe.

Il me jeta un regard féroce comme si je voulais lui arracher son louis, et d'un air de défi sardonique en couvrit le *un*.

— Zéro ! cria le croupier.

Effaré, l'œil plein d'angoisse, il vit le rateau ratisser sa pièce, tourna sur ses talons, et sortit précipitamment comme s'il avait le diable à ses chausses.

Au matin, on le trouva pendu : les joueurs de l'hôtel se disputèrent un bout de sa corde. « Quel bonheur! » s'exclama une de nos plus jolies divettes. « Elle est longue, tout le monde en aura. » Et tout le monde en eut.

III

Une nuit, quelques minutes avant l'avertissement si lugubre pour les pontes en déveine, car il leur enlève tout espoir de *se refaire* : « Les trois dernières, Messieurs! » je fus témoin d'un spectacle ineffaçable; je fus le seul, sans doute, mais j'éprouvais ce sentiment qui remua les joueurs endurcis et pétrifia jusqu'aux croupiers lorsque parut dans un tripot le jeune homme à la *Peau de chagrin* de Balzac. Celui que je voyais n'était qu'un pauvre vieux, décemment vêtu d'effets râpés, la détresse en redingote, plus poignante que celle en blouse parce qu'elle veut se dissimuler. Qui était-ce? Un vieil employé

reculer encore, comptant et recomptant machinalement de ses doigts fébriles, trois pièces de cinq francs, tirées de son gousset.

— Pauvre diable ! pensais-je, il va se faire *nettoyer* à sec.

Non, tant mieux, il s'est arraché à la fatale contemplation, il s'éloigne enfin, gagne d'un pas chancelant la porte. Mais, on l'arrête, il s'est trompé, c'est par l'autre issue qu'il doit sortir.

Les trois dernières, Messieurs!

Ces mots semblent le secouer. Il se redresse, revient d'un pas délibéré aux tables. A nouveau ses pièces sont fébrilement comptées. Trois chances ! oui, les trois dernières chances pour échapper peut-être au suicide ! Et le voici faisant le tour de la table assiégée de plusieurs rangs de joueurs, cherchant une petite place, un coin, un interstice pour passer le bras, glisser son humble mise sur *rouge*. C'est *noir* qui sort. Plus que deux pièces. Il ponte à nouveau sur *rouge* et écoute haletant, ne pouvant voir le tapis, empêché par le dos des joueurs

— *Trente-trois, noir, impair et passe!* annonce le croupier.

Il n'entend que le mot *noir*. Perdu, encore perdu! Il porte la main à son front et demeure là, hagard, les yeux démesurément ouverts sur le cylindre.

— A qui le numéro *en plein?* demande le chef de partie.

Personne ne répond. Un numéro sortant, c'est 35 fois la mise, 175 francs massés sur le gagnant.

— *La dernière, messieurs!*

Le cylindre tourne. Le vieux regarde toujours, roulant dans ses doigts son unique pièce.

— *Rien ne va plus!*

— Rouge! crie-t-il, en même temps jetant son dernier écu, la seule planche, dit Rousseau, entre vous et le suicide.

— *Trente-trois, noir, impair et passe!*

Ah! malheureux! malheureux! Partie sa

8.

dernière pièce, unique avoir, suprême espérance, le repas de demain, peut-être le gîte de la nuit.

Il reste hébété, cloué au sol. Pourquoi s'obstine-t-il là? C'est fini. Il entend le râteau ramener les pièces, il entend payer les mises gagnantes, ou plutôt il n'entend rien; il est loin, bien loin, noyé, englouti dans les profondes abîmes de son désespoir.

— A qui donc la masse du 33? demande une seconde fois le chef de partie.

On se retourne. — C'est à ce vieux monsieur. — On l'interroge. Il balbutie, ne sait ce qu'on lui veut. On lui montre un tas d'or et de banknotes.

— C'est à vous!

Il ne comprend pas.

— J'ai joué sur la rouge, dit-il.

— Mais votre pièce a roulé sur le 33, et, comme vous n'avez pas fait d'objection, je l'y ai laissée, répond le croupier.

On pousse devant lui la masse.

— C'est à vous : prenez.

Il hésite ; il saisit enfin de ses mains pal-
pitantes, emplit ses poches, pleurant, ahuri
de bonheur. Il a gagné 6.300 francs !

On ne le revit plus jamais dans les
salles.

Je crois que cette nuit-là, les croupiers
mêmes furent émus.

CHAPITRE VI

LES FÉTICHISTES

> Les bonnes gens qui font les
> cornes au diable, qui portent sur
> eux des mains de « jettature » et
> qui prennent garde au vol des cor-
> beaux, sont bien plus nombreux
> qu'on ne croit. Je n'ai pas le cou-
> rage de leur donner tort.
>
> (HUGUES LE ROUX.)

Les manies et les superstitions des joueurs
sont aussi singulières qu'inattendues. La
plupart ne croient ni à Dieu ni à Diable,
mais ils ont foi en une amulette, un fétiche,
médaillon, breloque, pièce percée, un caillou
même ramassé sur la plage ; ou bien encore
c'est un esprit complaisant qui leur souffle
le numéro ou la couleur qui va sortir. « Inspiration », disent-ils, n'osant avouer leur

secrète folie. Inspiration de qui? Inspiration de quoi? Le hasard les fait parfois deviner juste. Les femmes surtout ont de ces intuitions vraiment singulières. J'en vis une, entres autres, ponter avec un bonheur inouï, comme si un doigt, visible pour elle seule, lui indiquait la bonne place. Elle essaya pendant plusieurs jours avec succès toutes les combinaisons de la roulette. Mais tout lasse, tout casse, tout passe, principalement sur le tapis vert. « Quand Fortune donne trop de bien elle se joue », et il n'est chance qui ne retourne. »

« L'inspirée » dont je parle, après avoir gagné rapidement et merveilleusement de très grosses sommes, les vit reprendre plus lestement encore et d'une façon toute naturelle le chemin de la Banque; car ce qui perd les pontes naïfs, inspirés, fétichistes et systémiers, c'est qu'ils ne sont jamais satisfaits. Qui a gagné mille francs, fût-ce avec cent sous, en espère deux mille, et toujours ainsi *crescendo*, jusqu'à ce qu'il rende ce qu'il a enlevé, car il en est du jeu comme des femmes : « contentement d'une apporte désir d'une autre », dit un vieux dicton.

*
* *

On voit des gens qui ne pontent jamais et pointent sans cesse, piquant la carte, marquant les couleurs, notant les coups, inscrivant les numéros. On les appelle « joueurs à blanc ». Systémiers à l'étude, ou trop faibles en munitions pour essayer leurs plans de campagne, s'ils gagnent ils ont l'orgueil platonique de l'inventeur, s'ils perdent, la consolation de n'avoir pas allégé leur poche. Laissons-les à leur innocent plaisir.

Parfois, ce sont des « pointeurs » qui marquent pour le compte de joueurs momentanément absents et gardent leur place. Certains journaux qui donnent des « permanences » payaient des marqueurs que l'administration à fini par expulser.

Ils n'en continuent pas moins à fournir

leurs abonnés de leurs régiments de chiffres, qui, ai-je besoin de l'ajouter, sont fabriqués dans le bureau de rédaction.

Je me suis amusé à observer un vieux monsieur qui ne pontait qu'à rouge et seulement après avoir compté vingt pas; un autre se bouchait les oreilles pour ne pas entendre le numéro, prétendant l'émotion trop forte, celle des yeux lui suffisait.

Les « inspirés » attendent pour ponter les zigzags saccadés qui annoncent l'arrêt prochain de la bille et même le sacramentel : « Rien ne va plus ! » Le croupier repousse généralement du râteau ces mises tardives. Si la bille s'arrête sur un numéro autre que celui visé, le ponte se garde de souffler mot, mais si par hasard il avait mis au bon endroit, des récriminations acerbes éclatent et le croupier est traité de filou.

Il en est qui s'abstiennent de jouer quand tel croupier taille ou tient la manivelle pour des raisons aussi solides que celle de cette joueuse dont parle Charles Virmaître :

— Toutes les fois que Monsieur coupe, disait-elle, je suis sûre de perdre.

— D'où vient cela ?

— De ce qu'il *coupe sans réflexion.*

Ils pontent, au contraire, avec confiance quand c'est l'homme de leur choix. On entend continuellement des phrases dans le genre de celles-ci : « Je gagne toujours avec tel croupier, je perds avec tel autre. — Pourquoi? — Mystère. Le premier a une tête qui me revient, le second une tête qui ne me revient pas.

Il y a surtout, d'après les systémiers, la main qui change et dérange les calculs, car chaque croupier a sa manière de tourner la manivelle, différente de son prédécesseur, et par suite la martingale laborieusement établie sur une main doit varier d'après le mouvement de l'autre.

C'est, du moins, ce qui se dit sérieusement dans les incessantes discussions sur les chances du jeu.

Le joueur est un impulsif; s'il réfléchissait, il ne tomberait pas dans tous les genres de folie.

C'est ainsi que l'un ponte sur le numéro de sa chambre d'hôtel, un autre sur le chiffre de son âge, celui de sa femme ou de sa maîtresse, le nombre de ses enfants.

Alexandre Dumas fils, dans son *Histoire de la loterie*, rapporte, au sujet du choix des numéros pris par les joueurs, de curieuses anecdotes entre autres celles d'une bonne femme qui, ayant rêvé de numéros, les inscrivit à son réveil sur de petits carrés de papier qu'elle accrocha à des bâtonnets placés au-dessus de haricots qu'elle venait de planter, se promettant de prendre à la loterie les numéros des cinq premiers haricots qui germeraient. La terre se fendille, cinq haricots se montrent. La bonne femme transcrit les numéros et donne vingt-cinq francs, son unique avoir à son fils, le chargeant d'aller chercher ce quine au bureau voisin.

Mais le jeune chenapan dissipe la somme

en compagnie de vauriens, et revient en affirmant à sa mère — confiante comme toutes les mères — qu'il s'est acquitté de la commission. Elle attend avec impatience le tirage, et, jugez de sa joie, suivie aussitôt d'un affreux désespoir : ses numéros étaient sortis, mais nul billet pour les réclamer. La pauvre créature en perdit la raison.

Autre exemple :

Un orfèvre ruiné par de fausses spéculations résolut de ne pas survivre à son honneur commercial. Par une nuit pluvieuse il va se précipiter du Pont-Neuf dans la Seine. C'était le 22 octobre. Un marinier vole à son secours et le ramène dans sa barque portant le numéro 77. L'orfèvre rentre chez lui, dégoûté du suicide, et, cédant à un de ces pressentiments mysté- rieux, que le scepticisme nie parce qu'il ne les comprend pas, et que la métaphysique n'a jamais pu définir, il met à la loterie les numéros 22, date de son suicide, 9, à cause du Pont-Neuf, 11, l'heure à laquelle il s'est jeté à l'eau, 35 l'âge du marinier, et 77, le numéro de la barque. Les cinq chiffres sortirent dans l'ordre où il les avait placés et il gagna quatre millions.

C'est, du moins, Dumas fils qui raconte cette histoire.

En voici une citée par Charles Virmaître :

Un marquis-régence, se trouvant à côté d'une jeune et jolie femme, lui demanda son âge.

— Dix-neuf ans, dit-elle.

Le marquis couvrit le 19 de louis. Le 21 sort. Le marquis remet sur le 19.

— 21, dit encore le croupier.

Au bout de dix minutes, le joueur n'avait plus le sou, et le 21 était encore sorti deux fois.

Un an après, le marquis reçut une lettre de faire part du décès de la jeune personne, morte à l'âge de vingt-deux ans.

Selon la coutume féminine, elle s'était rajeunie.

— Sacrebleu ! s'écria-t-il, elle avait vingt

et un ans, et ce 21 qui sortait toujours !

Il en est encore qui, l'esprit harcelé de chiffres, les voient surgir en rêve, et se hâtent dès le lendemain de charger le numéro fantôme, le nourrissent, l'enguirlandent, et s'en vont... aplatis.

Peu de joueurs qui ne se soient laissés entraîner sur cette pente qui mène à la folie.

Une nuit, je vis en rêve un 11 gigantesque, illuminé de rayons. D'où sortait-il ? A mon réveil, ce 11 me hanta. Je ne crois guère au diable, pas plus qu'à Notre-Dame de Lourdes, mais je me disais : « Pourquoi ce 11 ? » Je me noyais et quand on se noie on se raccroche à tout. A la première table de roulette, dès mon entrée, je lançai ma pièce sur le 11 spectral, alors que le croupier criait : « Rien ne va plus. » La pièce tomba sur la case voisine, le 14. Impossible de la déplacer, la bille s'arrêtait, et justement sur le 14 ; j'empochais 35 louis.

* *
*

Je n'étonnerai personne en affirmant que quantité de gens ne joueraient pour rien au monde un vendredi et que beaucoup n'aventureraient jamais un maravédis sur le 13. Il va sans dire que l'élément féminin fournit spécialement ces cas d'aliénation.

Dès les temps les plus reculés, d'ailleurs, certains nombres ont été entourés de craintes ou d'espoirs. Bien avant qu'Horace avertisse la belle Leuconoé de ne pas se fier aux calculs astronomiques, Pythagore basait une partie de sa philosophie sur la théorie des nombres.

Le chiffre 7, par exemple, a toujours été considéré comme doué d'une heureuse influence, et aujourd'hui encore il ne manque pas de gens qui, prenant des billets de loterie, choisissent les multiples de 7.

They say there is divinity in odd numbers, either in nativity, chance or death, disait Shakespeare.

9.

Cette superstition à l'égard des chiffres n'aurait-elle pas pour origine — car tout a sa cause — la crainte religieuse qui saisissait les ignorants devant ces petits signes mystérieux dont ils voyaient les astronomes se servir dans leurs calculs pour eux incompréhensibles et qui les comblaient de stupéfaction.

*
* *

S'asseoir à côté d'un bossu est une place fort enviée, et nombre de joueurs, fussent-ils les plus vaniteux des *snobs*, ne la changeraient pas pour le voisinage d'un prince. Mais les bossus qui hantent les casinos sont rares, et l'on pourrait laisser passer des mois avant d'en rencontrer. Un ponte en déveine se dit un jour, que s'il parvenait à louer quelque mayeux, il conjurerait le destin contraire. Il en parla, et bientôt il vit arriver non pas un, mais deux bossus. Une véritable aubaine ! Il les prend à gage à raison de deux louis par séance, et court s'installer entre eux à la

table de roulette, après avoir palpé leur dos.
Il joue sur le 33, perd, recommence, reperd,
s'entête. Mais, en débit des bossus, dont ce
chiffre est l'emblème, le 33 ne répond pas à
ses appels. Enfin, il part furieux, ne compre-
nant rien à cet acharnement du sort, lorsque
derrière lui les bossus congédiés se prennent
de querelle, et bientôt corps à corps. Dans
la lutte, les bosses changent de place, l'une
tombe à terre et l'autre glisse en bas du dos.

— Ah! s'écrie le décavé, je ne m'étonne
plus de ma déveine.

*

Lorsque les petits cochons étaient de mode,
et qu'on les portait attachés aux bracelets
ou en breloques, un Russe en avait toujours
une poignée en poche. Dès qu'il arrivait au
trente-et-quarante, il les posait systématiquement devant lui et à la file indienne.
S'il gagnait, il n'y touchait pas; mais s'il

perdait il enlevait chaque fois le premier,
jusqu'à ce qu'il n'y en eût plus. Alors, il s'en
allait changer ses cochons en éléphants, et
revenait une demi-heure après. Si les éléphants n'étaient pas plus heureux, il retournait chercher ses petits cochons, et ainsi
de suite, jusqu'à ce qu'il tombât sur une
série, ou un complet *ratissage*.

*   *

Mais rien ne vaut le morceau de corail à
deux branches : talisman souverain! Du Pié-
mont à la Sicile, on s'en sert contre le mauvais œil.

Je rencontrais au casino une jolie petite
Italienne aux côtés d'un compatriote à mine
de condottiere. Avec une indifférence trop
grande pour être naturelle, elle suivait le jeu
en manœuvrant son éventail, et bâillant de
temps en temps, comme si cela l'ennuyait.
Mais cette apparence distraite dissimulait
une attention soutenue. A chaque coup de

perte, elle glissait silencieusement un fétiche à son ami : d'abord une bague qui, n'ayant pas opéré, est remise au doigt; puis un médaillon, puis une seconde bague, puis une petite pierre bleue, le tout successivement placé sur le tas de banknotes qui va s'amincissant. L'homme regarde autour de lui d'un air inquiet, faisant rapidement du bout des doigts des signes avec un objet invisible.

Il refait quelque gain, mais lentement, dificilement; puis revient la déveine.

Ils partent sans échanger un mot, elle toujours jouant de l'éventail.

Le lendemain, les voici à la même place, assis devant un tas rondelet. La *signoretta* touche chaque pièce et chaque « fafiot » avec une médaille de la Vierge dissimulée entre ses petits doigts. En dépit de ces saintes précautions, la danse recommence ; le tas se fond comme la veille. Tout à coup, l'Italien se lève, empoche brusquement son restant d'écus, murmurant en grande colère : « Gueuse ! Sorcière ! Coquine ! »

— Quoi donc ! *mio caro* ?

— Encore la vieille d'hier, debout en face de moi, dit-il, désignant une vieille dame occupée à ponter.

Un gros mot à l'adresse de cette matrone s'échappe des lèvres de grenade de la *signoretta*, qui ajoute :

— N'as-tu pas ta branche de corail ?

— Non, fait piteusement le décavé, je l'ai perdue ce matin sur la plage.

* * *

Jouissez de la vie tant que vous êtes jeunes et tant que vous le pouvez, belles dames, car quand vous vieillirez, non seulement vous n'en pourrez plus jouir, mais l'on vous accusera de traîner le malheur en vos jupes.

« Si lorsque tu te mets en route, dit le proverbe arabe, ta première rencontre est une vieille, rebrousse chemin, car le diable te suivrait. »

Et voilà comme on te traite :

Colombe aux plumes d'or, femme aux tendres douleurs,

ainsi que recoulait elle-même l'élégiaque Desbordes-Valmore, quand le Temps irres-pectueux a fait tomber tes plumes.

Cette crainte du mauvais œil de la vieille femme n'est particulière ni aux Arabes, ni aux Italiens. J'ai connu maints Français scep-tiques qui, aux tables de jeux, deviennent superstitieux comme des mères Pipelet. Un de mes confrères en lettres m'a plaisamment raconté comme quoi il avait perdu avec une incroyable déveine à cause d'une sorcière de la catégorie de l'*anum libidinosam* de la VIIIe épode d'Horace, qui le suivait autour du tapis vert.

* * *

« Que de folies et de niaiseries entendues dans une salle de jeu », dit Henry Bauer : « Ne touchez pas à mes cartes, ça me porte la guigne. » « Pas de compliments, vous allez me faire perdre... là, j'en étais sûr. » Ce banquier-là ne m'inspire aucune confiance. » Et aussitôt l'homme défiant se met à ponter comme un sourd. Tous ont la berlue, du moment qu'ils franchissent le seuil et respirent l'atmosphère de l'enfer. Ne sont-ils pas, pour peu qu'ils réfléchissent, certains de perdre, puisque au bout de l'an la cagnotte a invariablement pompé son petit million dans la poche de tous les habitués d'un même cercle. »

*
* *

Au 113 du Palais-Royal, alors que les maisons de jeu apportaient le mouvement et la vie dans ce quartier aujourd'hui mort, on remarquait un Italien crasseux, qui ne jouait jamais sans avoir son chapeau entre les jambes ; entre chaque coup, il y plongeait la main et murmurait à mi-voix quelques paroles incompréhensibles. Le maniaque y gardait une madone en plomb et, suivant sa veine, il la caressait ou l'injuriait.

— Soutiens ma chance, ma bonne Madone, tu auras ce soir un cierge et des fleurs.

Mais s'il perdait : Misérable! murmurait-il, tu coucheras sous la fontaine.

Ceci rappelle le Gascon de Saint-Evremond :

« Je fais avant le zeu le signe de la croix,
Et ze n'ai zamais pu gagner même une fois. »

Comme comble du grotesque, il ne faut pas oublier la folie de ce joueur, convaincu que pour gagner il lui fallait cracher sur le pantalon de son voisin de gauche.

Et il crachait toute la soirée, quelquefois toute la nuit, consciencieusement.

Dans le clan des ahuris, il faut ranger cette dame qui pontait sur tous les numéros en même temps, et, bien que gagnant à tout coup, s'étonna de voir le fond de son sac. Elle ne pouvait comprendre que, ramassant 175 francs à chaque tour de roulette, son porte-monnaie se fût vidé. Le chef de partie s'ingéniait à lui démontrer que, couvrant le tapis de 37 pièces, la banque ne lui en rendait que 35. L'explication n'entra qu'imparfaitement dans sa cervelle, car elle partit faisant grand tapage et traitant les croupiers de voleurs. Les malheureux « chevaliers de râteau » supportent philosophiquement ces sorties, auxquelles, d'ailleurs, les habituent nombre de joueurs en déveine et mal élevés.

CHAPITRE VII

LES CROUPIERS

Un dessin bien connu à Nice, multiplié par la photographie, les représente descendant la côte de Monte-Carlo sous l'orage et les coups de foudre du ciel en courroux. M. Blanc, ou plutôt son squelette, dirige la marche vers l'enfer ouvert béant pour les engloutir, tandis que Satan se tient à l'entrée du gouffre. Rien d'amusant comme les faces paisibles des condamnés à l'éternelle damnation au milieu des horreurs qui les entourent, des éléments en furie et des suicidés se réveillant de l'éternel sommeil pour leur montrer le poing. Une demi-douzaine

de distiques accompagnent la planche si-
gnée : *Le Vengeur*.

C'est là le défilé qu'en pompeux étalage,
Au portique maudit conduit le tripotier.
La bande semble rire, aussi mener tapage,
Bravant dans son courroux l'auguste justicier.
Sous les cieux enflammés, en vain la foudre gronde,
Éclate avec fracas sur l'orgueilleux tripot,
Et fait trembler les monts en leur base profonde :
Rien n'émeut ces gredins, vrais suppôts d'Astaroth !

Ces « gredins » sont généralement de fort
braves gens, pris dans toutes les classes,
après enquête sérieuse sur leur honorabilité
et leurs antécédents.

On en compte environ de 150 à 160 à la
« roulette » et au « trente et quarante », sous
la surveillance du chef de partie, des inspecteurs des tables, des inspecteurs généraux, des sous-directeurs et d'un directeur, sous les ordres d'un administrateur
spécial.

Les candidats croupiers suivent un cours
où on leur apprend à calculer mentalement

et rapidement les sommes à payer aux gagnants dans les combinaisons multiples du jeu, à juger d'un coup d'œil l'importance et la disposition des mises, à jeter adroitement les pièces sur les cases, à tourner le cylindre et à lancer la bille, exercices préparatoires qui n'exigent pas moins de six mois de pratique. Leurs appointements varient de 200 à 700 francs par mois.

Qu'ils acquièrent à la longue une complète indifférence devant le désespoir des décavés, rien que de fort naturel ; les pontes eux-mêmes ne prêtent nulle attention aux drames qui s'ébattent à leurs côtés ; mais qu'ils aident en quoi que ce soit le hasard, cela leur est matériellement impossible, et il faut n'avoir jamais vu une roulette pour affirmer que le coup de pouce du croupier peut diriger à son gré, sur un cylindre tournant coupé de losanges en relief, les saccades et l'arrêt d'une bille d'ivoire qui tourne dans le sens opposé.

Les accusations de tricherie tombent

d'elles-mêmes devant un examen; aussi n'émanent-elles que de maîtres chanteurs ou de décavés mécontents. On a été jusqu'à parler de lignes télégraphiques entre chefs de partie ou croupiers, de manœuvres du râteau qui, placé de telle ou telle façon, indique au croupier préposé au cylindre sur quel numéro il doit diriger sa bille.

Tout cela est enfantin. Comme on l'a dit avec raison, la ferme de Monte-Carlo n'a nul besoin de tricher. Elle gagne assez sans avoir recours aux artifices des grecs. Ces derniers le déclarent eux-mêmes, car ils ont baptisé la roulette de M. Blanc le *Tombeau des grecs* et le cercueil des malins.

** **

Il est intéressant de comparer ce casino, unique au monde, et pour sa correction, sa splendeur, sa situation, son fonctionnement semblable à celui d'une grande administration, sa police, ses fonctionnaires, avec une maison de jeu au siècle dernier.

Un journal anglais, *The Daily*, portant la date de janvier 1731, donne une liste du personnel ordinaire des tripots de Londres, qui peut faire juger du reste :

1. Un *commissaire*, qui est toujours un des co-propriétaires de la banque du jeu, et passe une nuit sur trois.

2. Un *directeur*, qui a la surintendance de la salle.

3. Un *tailleur*.

4. Deux *croupiers*, qui observent les cartes sortantes et ramassent l'argent.

5. Deux *truands* ou compères, servant à amorcer les joueurs.

6. Un *commis*, chargé de surveiller les truands pour qu'ils ne dépensent pas en dehors du jeu l'argent qu'on leur donne pour ponter.

7. Un *avorton*, élève *tailleur* ou *croupier*, qui ne reçoit que demi-paye pendant le temps qu'il apprend à tailler.

8. Un *météore*, hableur chargé de faire le boniment et courir le bruit que la banque a bien des fois sauté.

9. Un *grippe-sou* qui ramasse l'argent de la banque.

10. Un *procureur*, chargé de solliciter l'élargissement des détenus de la banque à la prison de Newgate.

11. Un *capitaine*, prêt à se battre avec quiconque prétendra qu'on l'a triché, ou qui même montrera de la mauvaise humeur de sa perte.

12. Un *garçon de chambre*, qui sert à boire et à moucher les chandelles.

13. Un *valet*, qui éclaire les gens dans l'escalier et fait tirer le cordon.

14. Un *portier*, qui est ordinairement un soldat aux gardes à pied.

15. Un *homme prudent et sage* qui se tient sur le seuil de la porte pour avertir le portier de prévenir la banque de l'approche des *constables*.

16. Un *coureur*, pour prendre des rensei-

gnements sur l'époque de l'assemblée des juges.

16. Des *falots, cochers, porteurs de chaise* et autres, chargés de prendre les mêmes informations et de s'assurer de l'absence des constables. Ils ne sont pas à paie fixe, mais reçoivent une demi-guinée pour chaque rapport reconnu exact.

18. Des gens qui se rendent cautions pour des détenus, d'autres qui servent de faux témoins, des bandits, des bravaches, des assassins, *cum multis aliis.*

On le voit, c'était complet.

CHAPITRE VIII

LES MORALISTES

Dussaulx, dans son livre : *De la passion du jeu*, paru en 1779, relate de singulières anecdotes sur les joueurs. Il faut croire qu'ils ont bien changé, car, à part les suicides, on ne voit que rarement d'extravagances furieuses comme celle de ce maniaque qui brisa la table de jeu, mangea les cartes, et avala la bougie ardente. Un second maniaque, à Naples, mordit la table avec tant de rage, que ses dents la pénétrèrent, et qu'il resta mort sur place. C'est heureux qu'il n'eût pas mordu le croupier. Un apoplectique qui trépassa d'un coup de sang au milieu d'une

partie fut aussitôt fouillé par ses partenaires,
qui se payèrent avec l'argent trouvé dans ses
poches, de ce qu'ils avaient perdu. En
Russie, on jouait ses serfs ; à Rome, ses
esclaves. Un Vénitien joua sa femme, un
Chinois y joignit ses enfants et perdit le tout.
Mauvaise affaire pour le gagnant! Je suppose qu'ils jouaient à qui perd gagne. Les
Germains se jouaient eux-mêmes en un seul
coup. Dussaulx raconte bien d'autres his-
toires ; on en remplirait des volumes, qui ne
prouveraient rien, sinon que l'homme a toujours joué et jouera toujours en dépit des
édits, des ordonnances et, qui, pis est, de la
ruine et de la mort.

Mais voici peut-être la scène la plus lamentable. Un père de famille, après avoir
perdu avec sérénité la moitié de sa fortune,
joua le restant, qu'il perdit avec la même pla-
cidité ; on le regarde, sa figure ne change
point ; on aperçoit seulement qu'elle devient
immobile ; cet homme vivait à son insu :
deux ruisseaux de larmes s'échappent de ses

yeux, sans que ses traits en soient altérés ;
les ressorts de la machine craquaient en dépit de sa volonté ; il ne parut d'abord que ridicule... Je ne sais quelle idée cette statue
pleurante éveilla tout à coup dans l'âme des
spectateurs : quoique joueurs, ils finirent
tous par être saisis de terreur et de pitié.

Est-ce pour éviter ces explosions de *senti-
mentalisme*, que l'on vendait à Venise des
masques riants, à l'usage des joueurs ?

*   *

A propos de masque, il en est dans les bas-
reliefs du joli théâtre de Monte-Carlo un
tragique dont souvent, tandis qu'éclataient
les joyeuses notes de l'orchestre, je ne pou-
vais détacher mes regards ; et mon imagina-
tion les suivant me faisait descendre dans les
profondeurs de l'horrible.

C'est l'épouvante médusienne ; la bouche
crie l'angoisse du désastre ; les yeux s'ouvrent
immenses, vides, sans prunelles. Il semble

que toute la longue série des suicides, les poitrines trouées, les gorges sanglantes, les crânes ouverts, les corps aplatis ou écrabouillés sur le rocher, les noyés, les pendus, les asphyxiés passent, défilé macabre, dans une ronde de minuit. Et, dans l'expression d'horreur de cette face, quelque chose de l'inflexibilité du destin, la fatalité implacable, le reflet des drames si souvent vus qu'il garde stéréotypé, les longues épouvantes, celles que laissent derrière eux les corps des suicidés.

Les suicidés? Ils sont nombreux, dit-on, et l'on n'en connaît guère le chiffre, bien que le public soit porté à l'exagérer. Rien d'étonnant cependant à ce qu'il soit considérable, étant donné que beaucoup de désespérés viennent jeter là leur dernier enjeu. Ils se seraient tués chez eux, à côté de leur caisse vide, de leurs livres falsifiés, de leurs billets protestés, de l'annonce de leur banqueroute; ils viennent se tuer près du tapis vert. Rien de changé que le lieu du sinistre.

Mais n'est-il donc que les joueurs qui se tuent, et tout ce qui nous entoure ne peut-il amener des catastrophes? Les grandes fortunes ne sont-elles pas équilibrées sur les effroyables misères, et lorsqu'un spéculateur échafaude des millions, n'est-ce pas sur un monceau de ruines. La banque, le commerce, l'industrie ne comptent-ils pas leur contingent de victimes? La femme n'amoncelle-t-elle pas autant et plus que le jeu, suicides et désastres? Faut-il supprimer l'amour? Faut-il supprimer le tabac que certains docteurs accusent de crétiniser l'espèce? l'alcool, parce qu'il y a des gens atteints de *delirium tremens?* les vins, à cause des ivrognes? les bières, parce qu'elles nous engraissent, nous épaississent et nous germanisent?

Eh! quoi! cela se fait déjà dans la *libre* Amérique. Certains Etats punissent d'amende et de prison tout citoyen convaincu de garder chez lui des liqueurs. Et si les mômiers ne punissent pas, sous prétexte de religion et de morale, ceux qui travaillent en paix le dimanche à la reproduction de l'espèce, c'est qu'en pareil cas la constatation du délit est difficile. Mais ils les vouent aux peines éternelles.

Eh! messieurs les moralistes, de quoi vous mêlez-vous? Laissez-nous tranquilles et ne prenez tant de soucis ni de nos corps ni de nos âmes. Nous payons notre place au soleil, nous entretenons vos fonctionnaires, vos députés, vos magistrats, vos prêtres, vos gendarmes; il nous plaît maintenant de boire, d'aimer, de jouer et d'user librement du peu de liberté que nous achetons fort cher, vous n'avez rien à y voir. Portez vos préoccupations sur le sort des misérables, sur les ouvriers sans travail, les vieillards sans asile, les mères sans pain, et la fille-mère que vos sots préjugés et votre sotte morale poussent à tuer son enfant; portez vos préoccupations sur la question des salaires insuffisants, des mineurs qui crèvent dans les mines, des institutrices qui encombrent le pavé;

cherchez le problème de la misère grossis-
sante et laissez les jeunes et inutiles pares-
seux gaspiller l'argent de papa, le traitant
rendre au jeu l'argent volé dans les poches
publiques et le notaire fripon sauter près du
tapis vert.

Le mal du joueur, je parle du joueur
heureux, est qu'il perd la notion de la valeur
de l'argent et dissipe le gain rapidement
acquis.

« Tôt est perdu avoir mal conquesté. »
Mais est-ce bien un mal?

Il ne cause de préjudice qu'à lui-même, et
d'autres, beaucoup d'autres tirent profit de
ses extravagances.

Nous nous préoccupons trop des désastres privés et pas assez de la misère publique.

Qu'un joueur enlève une grosse somme à
la banque, il fait œuvre pie en la dépensant.
Elle rentre dans la circulation, entretient les
industries de luxe, que dédaignent trop les
Jacobins austères, cousins germains des puritains obtus.

* * *

Il faudrait, avant tout, se montrer logique ; mais, à ces apôtres qui prétendent nous « moraliser » malgré nous, tailler notre vie sur les mesures étroites de leur puritanisme et de leur tartuferie, la logique fait défaut.

Et puis, quoi? S'il me plaît de perdre mon argent, de le jeter sur un tapis vert, le dos d'un cheval, le ventre d'Aspasie ou par la fenêtre !

D'autres le ramasseront, et en quoi cela concerne-t-il le consul ou le préteur?

« Nous voulons jouer, écrivait Montjoyeux, et perdre notre argent, et nous vieillir, et nous faire le crâne chauve, les mains tremblantes, les joues creuses ; nous voulons oublier nos femmes et nos maîtresses, nos travaux et nos affaires ; ignorer, sous les hauts salons enfumés, que dehors court l'air libre, l'air bienfaisant ; ne pas nous souvenir que, quelque part, nous attend le souper préparé, nous attend le plaisir, nous attend l'amour... »

Qu'importe qu'un brasseur d'affaires enrichi dans les spéculations louches se ruine dans de fausses combinaisons de Bourse et remette sa famille sur la paille où elle est née.

Qu'importe qu'un beau fils de famille, inutile, oisif, gaspille la fortune amassée sou à sou par la lésine d'un père Harpagon, ou raflée en bloc par les rapines ancestrales ! Je suis ravi au contraire de le voir rendre à la circulation ce que Shilock ou Macaire en a retiré, et rétablir ainsi, inconsciemment, l'équilibre. Ah ! vieux forban, tu as affamé des misérables, tu as trafiqué sur la détresse, ruiné d'honnêtes gens, forcé leurs filles à devenir institutrices ou prostituées. Voici le châtiment ! Ton fils, en quelques années de haute noce, détruira ta longue et sale besogne ; ton or se fondra comme neige au soleil. Les filles, ou le tapis vert, mettront ton héritier à sec. Obligé de travailler pour vivre, ou de disparaître, il rendra, dans l'un ou l'autre cas, service à la société.

Les amateurs de statistique, pour qui rien n'est caché, prétendent que le jeu ne ruine pas plus d'un joueur sur dix mille. « C'est déjà trop », crieront les mères effrayées. Mais pourquoi autoriser, patronner les jeux de la Bourse qui, suivant les calculs des mêmes statisticiens, en ruinent au moins un sur cent.

Sans vouloir établir de parallèle entre les pontes et les *bookmakers*, contre lesquels on mena, à tort où à raison, une si rude campagne, il me suffit de citer un couplet d'une des *Chansons de Faubourg*, du poète Blédort :

> On nous voit partout sur le turf,
> Traqués par la police.
> Vraiment, notre sort n'est pas *urf*,
> Et manque de délice,
> Nous ne faisons rien
> De mal, nom d'un chien !
> Nous jouons dans la course
> Mais d'autres que nous
> Jouant à la Bourse
> Sont autrement filous. »

A côté des pertes colossales, il est des gains fantastiques. On sait l'incroyable veine de l'Espagnol Garcia, dont le nom restera célèbre dans les chroniques du jeu. Chaque fois qu'il attaquait une banque, elle sautait. Les croupiers ne le voyaient arriver qu'avec crainte. Il jouait en brûleur, mais semblant avoir l'intuition du numéro qui allait sortir, pontait le maximum et enlevait. Devenu puissance dans les Kursalls d'Allemagne, car il gagna près de cinq millions en quelques années, il vit bientôt couler plus rapidement encore cette fortune si lestement acquise, et finit par être jeté à la porte du Casino de Saxon pour une mise insignifiante qu'un voisin de table l'accusait d'avoir volée.

C'était, du reste, un simple filou d'après ce que raconte Carle des Perrières : « Garcia, le fameux Garcia, allant chercher fortune à la Havane, fit faire, deux mois avant son arrivée, par un associé, une rafle de toutes les cartes que la ville possédait. Plus de cartes à la Havane. Tout à fait par hasard, le bateau qui amenait Garcia en contenait un chargement énorme. Les Havanais s'y précipitèrent ; la Havane était sauvée. Seulement, ce qu'ils ignoraient complètement, c'est que tous les jeux de cartes, faits sur un modèle unique, étaient marqués et reconnaissables au seul Garcia qui « gagna » 3 ou 400.000 francs en un mois.

Au moment de sa grande veine, — il avait enlevé déjà près de deux millions à la banque d'Hombourg — il demanda au directeur des jeux d'élever pour lui le maximum de douze mille francs à soixante mille. Blanc y consentit, et dès le lendemain Garcia gagnait plus d'un demi-million.

— Eh bien ! dit-il au tenancier arrêté devant sa table et témoin de sa victoire. Vous avez peur. L'un de nous sautera, c'est sûr.

— Monsieur Garcia, répliqua le petit vieillard, je ne sauterai jamais, moi, car, j'ai 3.000 francs de rente, déposés à la banque, que vous ne me gagnerez pas.

Et tournant sur ses talons, il continua paisiblement sa promenade.

Quelques semaines après, ajoute Carle des Perrières, qui raconte l'anecdote, Garcia demandait le *viatique* pour regagner Paris [1].

* * *

Tous, d'ailleurs, terminent ainsi, ou à peu près, suivant les lois immuables de l'équilibre. Il suffit de citer les noms récents de Wells et de Harry Rosenfeld. On connaît le sort du premier qui gagna sur un seul numéro cinq cent mille francs en trois jours. Quant à Rosenfeld, qui vint exprès de San-Francisco faire danser sur la roulette le million de dollars qu'il venait d'hériter d'un oncle, après des gains d'abord considérables, une suite de *maxima* sur le chiffre 17, il partit pour

1. On appelle ainsi la somme que le Casino alloue aux joueurs décavés afin de leur permettre de retourner chez eux ; elle est, ai-je besoin de le dire, strictement limitée aux frais du voyage. Le décavé signe un reçu de cet argent, qu'il doit rembourser s'il veut rentrer au Casino.

l'Algérie après avoir perdu, non seulement son gain, mais un nombre respectable de milliers de livres sterling en plus [1].

L'un de nos confrères rencontra plus tard Garcia dans un de ces tripots des plages de l'Amérique espagnole, où il est prudent de ne pénétrer que muni d'un revolver de sérieux calibre.

« Je suis entré, dit-il, dans ce repaire et ai admiré autour des tables de baccara, toutes les faces de la filouterie cosmopolite. La barbe longue entre le jaune et le gris, la paupière vacillante, la taille courbée, j'ai pu voir poussant un douro de main prudente, un

—————

1. Wells fut condamné en mars 1893 à 8 années de servitude pénale pour avoir obtenu plus de trente mille livres sterling par des moyens réputés frauduleux. Il avait fait ses études en France où il s'était fait recevoir ingénieur civil.

En 1885, il s'établit à Portsmouth avec un capital d'environ 30.000 livres sterling et s'occupa d'inventions. Il prit une centaine de brevets qui épuisèrent ses fonds. C'est alors qu'il eut recours à des annonces qui le conduisirent devant les tribunaux. Pendant six ans, il étudia les différents systèmes de jouer à Monte-Carlo, emprunta 10.000 livres d'un Américain pour commencer et en gagna 20.000 qui passèrent à ses brevets et à son fameux yacht. Il réalisa en tout 60.000 livres qui s'engloutirent de même façon.

vieux débris qui fut le prince des joueurs de
ce siècle. C'est le fameux Garcia qui, jadis,
enleva quatre millions au trente-et-quarante, fit trembler tous les maîtres croupiers de l'Allemagne et, finalement décavé,
échoua à la suite d'une misérable tricherie
à la correctionnelle. »

* * *

Il est, cependant, une garantie pour les
joueurs de Monte-Carlo, c'est que pontant
en espèces sonnantes ils ne peuvent perdre
que ce qu'ils ont en poche. Dans les cercles
de Paris et des stations balnéaires ou ther-
males qui ne sont en réalité que des rendez-
vous de joueurs, des chevaliers de la dame
de pique et des refuges de fripons, l'on se
sert de jetons ou de plaques, laisser-passer
directs pour la ruine.

Henry Baüer, que je me plais à citer
comme une autorité en la matière, en raison
des sommes rondes qu'il avoue avec bonne

grâce avoir laissé sur les tapis, observe fort justement « qu'au bout d'une demi-heure de séjour dans l'enfer », le joueur a perdu la notion de la valeur des jetons ou des plaques qu'il pousse dans la partie; il risque sans hésitation un jeton de nacre ou d'ivoire figurant mille, cinq mille ou dix mille francs; il en est tout autrement quand il joue argent comptant. Tout le monde sait que c'est dans les parties à jetons ou sur parole qu'ont été prises les plus grosses « culottes ». Des joueurs sortaient à l'aurore d'une espèce de cauchemar, qui leur coûtait plusieurs centaines de mille francs[1].

Tous ces gens qui viennent dans l'espoir de faire sauter la banque et « sautent » eux-mêmes, ne peuvent, si l'on raisonne logiquement, n'inspirer qu'une pitié médiocre. Il est dans toute opération aléatoire un gagnant et un perdant et celui contre lequel le sort est contraire ne s'est pas engagé avec la certitude de perdre, sans quoi, il n'eût pas joué,

1. *La Ville et le Théâtre.*

mais avec l'espoir de gagner, de dépouiller son partenaire.

Ce qui est à plaindre c'est le pauvre diable qui n'a que quelques louis en poche avec lesquels il croit trouver le salut et ne trouve qu'une plus complète ruine, car, comme dit Balzac, « il n'y a rien de si complet que le malheur. »

Mais, si le jeu fait des victimes, il fait des heureux, et combien comme le comte de Rochechouart ont dû leur fortune à un bon coup de dé. Agé de seize ans, il se rendait à Odessa demander la protection du duc de Richelieu, lorsque, arrivé à Milan, il se voit réduit à un seul louis. Comment continuer sa route? Il errait tristement par les rues lorsqu'il voit devant lui, grande ouverte, la porte d'un tripot; il entre, s'approche du tapis, jette au hasard son unique pièce et retire une poignée d'or, de quoi subvenir largement à ses frais de voyage.

Aussi, jamais un joueur ne considère la partie perdue tant qu'il lui reste une mise pour le coup suprême. Puis, si le sort lui a été funeste aujourd'hui, lui sera-t-il favorable demain ? La déveine pas plus que la veine ne peut continuer.

« Il n'est chance qui ne retourne », dit un proverbe, et à force de mal aller tout ira bien. Toujours la loi de l'équilibre. Et c'est ainsi qu'on endort ses douleurs. On s'est couché désolé, poches et cerveau vides, on se réveillera avec la reine des joies de ce monde, celle qui console de toutes les afflictions, de tous les déboires, de toutes les misères, la divine Espérance.

Ceux qui jettent sur le tapis *au petit bonheur*, au *coup de pistolet*, à *la folie*, leur mise, font hausser les épaules aux *systémiers*. Ce ne sont pas de vrais joueurs, disent-ils, mais des audacieux ou des naïfs, que le hasard peut favoriser de temps à autre, mais destinés fatalement à une perte certaine. Ce sont eux qui alimentent chaque jour la banque, défrayent la Principauté, entretiennent le clergé, la garde, la gendarmerie, la voirie, la police. C'est le *ponte*, en un mot, dupe et victime, celui dont on trouvera quelque jour le cadavre balancé à un arbre ou le front troué par une balle dans une chambre d'hôtel, ou brisé sur les rochers d'un cap.

Le vrai joueur calcule. C'est un spéculateur, il l'affirme lui-même, qui opère sur le tapis comme on opère à la Bourse. Il arrive armé de marches, de martingales, combine sur les chances simples, les chances composées, multiples, pique des cartons, aligne des colonnes de chiffres, et si extraordinaire que cela paraisse dans un jeu de hasard, ne confie jamais une pièce au hasard.

Il arrive que pendant des semaines, des mois, parfois des années, il réalise de constants bénéfices... jusqu'au nettoyage brusque et final.

Mais, rassurez-vous, celui-là ne se tue jamais.

Il ne se tue jamais parce que tant qu'il lui restera de quoi tenter à nouveau la chance il ne désespère pas.

Des gens qui ont perdu des millions s'imaginent qu'ils vont se refaire quand avec quelques louis ils ont gagné deux ou trois billets de banque... et il arrive parfois qu'ils se refont !

Terminons ce chapitre par une anecdote cueillie récemment dans l'*Écho de Paris*.

Au Casino de Monte-Carlo un de nos plus brillants officiers de dragons, trouve un louis tombé à terre.

— Tiens, dit-il, rendons au hasard ce qu'il me fait trouver.

Et il jette le louis sur le tapis.

Une veine insolente s'attache à l'orphelin qui se multiplie d'une façon fantastique.

Obligé de quitter la salle de jeu, le comte ramasse un tas d'or et de billets.

Au moment où il va sortir, il aperçoit un tout jeune homme qui semble chercher timidement quelque chose autour de la table de jeu.

— Vous avez perdu quelque chose, monsieur ? lui demanda le comte.

— Oui, monsieur, un louis.

— Le voilà; c'est moi qui l'ai trouvé...
Très heureux, monsieur.

En même temps il remet près de dix mille
francs dans les mains du jeune homme complètement ahuri.

CHAPITRE IX

SYSTÈMES, SYNDICATS ET CHANTAGES

I

« Les jeux de hasard, suivant d'Alembert, sont soumis à une analyse qui est tout à fait du ressort des mathématiques. Ou la probabilité de l'événement est égale entre les joueurs, ou, si elle est inégale, elle peut toujours se compenser par l'inégalité des mises. On peut à chaque instant demander quelle est la prétention d'un joueur ; et comme sa prétention à la somme des mises est en raison des coups qu'il a pour lui, le calcul déterminera toujours, ou rigoureusement ou par approximation, quelle serait la partie de cette somme qui lui reviendrait si le jeu ne s'instituait pas, ou si, le jeu étant une fois institué, on voulait l'interrompre.

« Plusieurs auteurs se sont exercés sur l'analyse des jeux ; on en a un traité élémentaire de Huyghens ; on en a un plus profond de Moivre ; on a des morceaux très savants de Bernouilli sur cette matière. Il y a une analyse des jeux de hasard par Montmaur qui n'est pas sans mérite [1].

Je n'entrerai pas dans les principes fondamentaux de ce que d'Alembert appelle une science, ni dans son système bien connu de *montante* et de *descendante*, je me conten-

[1]. Dans le tome II de l'Histoire littéraire du règne de Louis XIV par l'abbé Lambert (1751) il est question d'un problème de Pascal sur la roulette :

« Le jeune marquis de l'Hôpital n'avait encore que quinze ans, que se trouvant un jour chez le duc de Rouannés, où M. Arnaud, le docteur, et d'autres géomètres célèbres parlèrent d'un problème de M. Pascal sur la roulette. dont la solution ne paraissait pas facile a imaginer, le jeune mathématicien dit qu'il ne désespérait pas de le résoudre ; et il en vint, en effet, à bout, ayant envoyé peu de jours après ce même problème résolu. »

terai de dire que de tous les systèmes basés sur des calculs de probabilité, aucun n'est infaillible, que beaucoup même sont bons... à condition qu'on les suive et qu'on sache s'arrêter à temps. Or, pour les suivre, il faut avoir ce qu'on appelle en argot de jeu « de l'estomac », c'est-à-dire du sang-froid et de l'aplomb. C'est par manque d'estomac que presque tous les joueurs perdent, ce qui explique que lorsqu'on essaie chez soi un système, l'on gagne toujours. Quand il ne s'agit que de ponter avec des jetons ou des haricots on est plein de bravoure ; on avance sans hésiter les bataillons de réserve. C'est différent avec des espèces sonnantes, on hésite et on laisse passer le coup sauveur.

Les systèmes sont innombrables. Il n'est guère de joueur qui n'ait le sien, martingale ou paroli ; il y a ceux qui font martingaler la banque, c'est-à-dire jouent avec l'argent de la banque après le premier gain et le retrait de leur mise ; ceux qui jouent sur la *dominante*, c'est-à-dire la couleur ou la douzaine qui vient de sortir plusieurs fois ; la *retardataire*, qui est le contraire ; la *maturité des chances*, qui consiste à jouer sur un numéro resté cent ou deux cents fois ou même davantage sans sortir, résultat d'au moins une demi-journée de patience ; et l'on a vu des numéros s'obstiner pendant plusieurs jours à ne pas se montrer.

Pour tous ces systèmes il faut, si l'on ne veut pas s'exposer à sauter dès les premiers coups, un capital assez considérable.

L'un des plus simples est celui qu'Adolphe Belot, qui fut grand joueur, désigne sous le nom de la *Montante Blanc*, du nom de son inventeur.

Le tenancier de Monte-Carlo l'aurait donné lui-même à un officier russe qu'il connaissait particulièrement et qui se désespérait devant lui d'une grosse perte.

« Donnez-moi votre parole, lui dit-il, de jouer fidèlement, sans jamais vous en écarter, le jeu que je vais vous indiquer et d'y appliquer une montante de mon invention dont le prix est de cinquante louis. Je suis tout disposé à vous les prêter en échange de votre serment, et j'ai dans l'idée que vous ne tarderez pas à vous refaire, et au delà. »

L'officier jura, bien entendu, et gagna, paraît-il, une somme qui le remit à flot. C'est un paroli aux chances simples, qui permet, avec une montante variant de 3 à 500 francs, de jouer onze coups.

Il y a le *quadrangle* et le *double quadrangle*, la *progression* sur les douzaines, sur les colonnes, le *quart du cylindre*, le *coup sûr*!... de perdre, sans doute, etc., etc.

Si l'on me demandait mon opinion sur tous ces systèmes, je me contenterais de répéter ce que j'entendis répondre par un vieux croupier galant à une jeune et jolie dame qui se vantait devant lui d'avoir découvert une « marche » infaillible.

— Ah! madame, je vous en prie, faites-moi l'amitié de ne pas venir l'essayer à ma table, vous m'épargnerez le chagrin d'assister à votre désastre.

II

Monte-Carlo, cela va de soi, a maintes fois excité les convoitises des chevaliers d'aventures et surexcité les fureurs et les désirs de représailles de nombreux décavés. Des syndicats, on l'a vu, s'organisent de temps en temps pour faire sauter la banque, quelquefois non sans succès. Mais inutile d'ajouter que les défaites dépassent de beaucoup les victoires.

On se rappelle peut-être le bruit que fit, il y a quelques années, l'arrestation de deux systémiers qui, de leur logement de la rue d'Assas, répandirent à des milliers d'exemplaires une petite brochure où ils expliquaient comment, avec un capital de quatre mille francs, ils se faisaient fort de gagner un million en quelques soirées de roulette. La brochure, habilement lancée dans toute l'Europe, procura à nos inventeurs en un temps fort court une soixantaine de mille francs. C'était plus qu'il n'en fallait ; aussi coururent-ils à Monaco à la conquête du million.

Le début ne fut pas heureux. Dès la première séance ils perdaient 24,000 francs, juste le capital déclaré suffisant pour faire sauter la banque. Cette première expérience ayant suffi pour leur enlever la foi, ils se dirent qu'un *tiens* vaut mieux que deux *tu l'auras*, et tenant les 36,000 francs restants, ils regagnèrent la rue d'Assas où la police ramassa le tout.

Au mois de mars 1887 s'opéra à une table de trente-et-quarante une audacieuse volerie avec la complicité du « tailleur ».

Comme on venait de crier : « Faites vos jeux, messieurs », l'attention du chef de partie et des croupiers fut détournée par divers incidents habilement amenés.

Un Anglais demanda le change d'une bank-note de cent livres, et au même moment un compère laissa tomber à terre une poignée de louis. Pendant qu'un garçon de salle accourait ramasser les pièces, écartant les pontes, un troisième larron éleva une dispute au sujet d'une mise, et l'on entendit des éclats de voix partir de tous les points de la table à la fois.

— Vôlez-vous payer la banknote de souite à moâ?

— J'ai laissé tomber au moins dix louis!

— Ma mise était de quatre louis; je vous dis que j'ai mis quatre louis.

— Faites donc attention, ne bousculez pas comme cela, garçon!

— Je veux de souite mes cent livres sterling.

— Messieurs, je vous en prie, un moment! criait le chef de partie ahuri.

Profitant de ce fracas, un quatrième compagnon, dissimulant sous un billet de mille francs un paquet de cartes préparées, le glissait adroitement sur le tas des six paquets disposés pour le jeu.

Enfin, l'ordre se rétablit.

On commence, et des *maxima* pontés aux deux bouts de la table gagnent à tout coup.

La banque saute trois fois. Grand émoi dans la salle. On accourt de toutes les tables assister au triomphe des joueurs. Mais ceux-ci, leurs cartes épuisées, s'éclipsent. Cependant, les perdants ont des soupçons; le chef de partie, interpelé, fait compter les paquets, qui se trouvèrent grossis de cinq ou six douzaines de cartes supplémentaires. Le « tailleur » l'échappa belle; sans le personnel qui l'arracha aux ongles féroces des joueurs, ils l'eussent mis en morceaux. Il en fut quitte pour quelques écorchures, ses vêtements en lambeaux et trois ans de prison, bon marché pour ses cent mille francs de prime. Quant aux quatre grecs, ils jouissent sans doute en paix du demi-million qu'ils emportèrent, entourés de respect et de considération.

* * *

Une autre tentative, plus hardie peut-être, mais infructueuse, eut lieu je ne sais trop à quelle époque; mais c'est depuis ce temps que l'on remplaça dans les salons le gaz par des lampes à l'huile. Vers onze heures du soir, quelques minutes avant la fermeture, une explosion retentit dans une des salles, le gaz s'éteignit, et des voix crièrent : « Le Casino va sauter! Sauve qui peut! »

Vous jugez de la déroute. C'est à qui ramasserait rapidement ses mises et se précipiterait vers la porte. Profitant de la panique les « grecs » se lancèrent à la curée. Mais ils avaient compté sans les croupiers, qui, on doit leur rendre cette justice, restèrent fidèles à leur poste, comme des grenadiers de la Vieille Garde, et couvrirent de leurs bras les caisses à cette heure gonflées. Les mains voleuses qui tâtonnaient et essayaient de barbotter dans l'ombre ne rencontrèrent que des doigts honnêtes crispés sur les tas de billets et de pièces. Il ne resta aux filous que le maigre profit de quelques enjeux laissés sur le tapis par des pontes pris de frousse.

On ralluma les becs de gaz, et les parties continuèrent :

Messieurs, faites vos jeux !

III

Outre les tentatives généralement avortées des syndicats, les représailles d'ailleurs peu dangereuses des décavés, la banque subit les assauts multiples et variés des maîtres-chanteurs.

Brochures, pamphlets, journaux éphémères surgissent périodiquement avec leurs pages ou leurs colonnes remplies de dramatiques récits sur les suicides, les ruines amoncelées autour du tapis vert.

Quelques billets de mille, d'ordinaire, fai-

13.

saient taire les cris d'indignation de ces assoiffés de morale.

La brochure était retirée des devantures de libraires, le journal cessait quelques semaines d'*horrifier* ses lecteurs ; mais bientôt pamphlets et feuilles de choux reparaissaient sous un autre titre, avec d'autres noms de rédacteurs, et de nouveau le Casino *casquait*. Aussi finit-il par se lasser et laisser déclamer les moralistes !

Mais une des plus curieuses et des plus audacieuses tentatives de ce genre fut dirigée, il y a quelque dix ans, contre le prince de Monaco. Elle consistait en une série de gigantesques toiles étalées à Nice juste en face de la gare, et destinées à frapper d'horreur l'œil des arrivants.

C'était d'abord la maison de jeu, où se pressait une foule élégante ; puis une prison devant laquelle se tenait une femme éplorée et vêtue de noir. Elle la montre à ses enfants, tandis que l'aîné, un petit garçon d'une dizaine d'années, tend un poing menaçant vers le Casino, dont la silhouette se dresse dans le lointain. A côté une autre toile représentait un pendu accroché à un réverbère de la plage de La Condamine, près du cadavre d'un second joueur qui tient encore dans sa main crispée le revolver instrument du suicide. Sur la quatrième toile des laquais chamarrés portent au palais des Grimaldi d'énormes sacs remplis de l'or des décavés, que dans le tableau suivant ils versent aux pieds du prince et de la princesse de Monaco, assis sur leur trône.

Cette série à la manière d'Hogarth, moins le talent de l'humoriste anglais, portait, à mesure que s'achevait une toile, comme dans les romans-feuilletons, la mention significative : *A suivre.*

Il ne tenait qu'au Casino ou au prince de l'arrêter !

Mais cette menace directe n'eut aucun effet ; sans être troublé, le barbouilleur put continuer son œuvre, bien qu'on ne deman-

dât pour l'interrompre que la modique
somme de soixante mille francs. Le Casino
fit l'aveugle et le sourd. Il ne voulut ni rien
voir des toiles à effet, ni rien entendre des
propositions. Il alla plus loin même : il refusa
les offres, d'ailleurs absolument modestes,
d'individus qui ne demandaient que cinq
louis pour lacérer, par les nuits obscures,
ces œuvres de chantage et d'art d'Épinal !

Enfin un inconnu, quelque artiste affligé
des couleurs outrageantes de ces toiles de
baraques foraines, ou quelque personne
sensible trop impressionnée de leurs sujets,
lança des paquets de goudron sur la dernière.

Je vis le peintre monté sur son estrade et
occupé consciencieusement à faire disparaître ces souillures ; mais quelques jours
après on en relança d'autres en plus grande
quantité. Le maître-chanteur renonça à continuer son œuvre ; il se contenta de faire
écrire en gros caractères, à côté de ses

toiles : « La boue qu'ils font lancer leur retombe au visage ». Après tout, c'était peut-être le peintre lui-même qui salissait ainsi son œuvre, afin d'attirer davantage l'attention, comme fit, dit-on, jadis, le sculpteur Carpeaux, à l'égard de son fameux groupe de la Danse.

CHAPITRE X

LES PROFESSEURS

I

Le hasard est le type de la par-
faite régularité. Il fait sans peine,
en obéissant à la loi de l'équilibre
à laquelle il est soumis, ce qui coû-
terait réellement beaucoup d'efforts
à un vulgaire faiseur de chiffres.

(C. DE BIRAGUE.)

MONTE-CARLO. — Professeur X..., auteur du « Problème de la Roulette et sa Solution, » est à........ pour huit jours et reçoit hôtel......, rue......

MILLE FRANCS PAR JOUR avec 200 francs. S'adresser à M. X..., professeur de jeux.

ON PEUT GAGNER journellement et aisément *cinquante francs* en une heure. S'adresser à M. Z..., professeur de roulette.

Chacun a pu lire à la quatrième page de

certaines feuilles, quelquefois en première, spécialement dans celles du littoral, ces mirifiques annonces.

Le professeur de roulette ! Un type, et non des moins curieux, dans ce monde interlope. Il habite Nice ou Menton et, outre ses réclames, il colle de petites affiches imprimées ou manuscrites dans le voisinage de la gare, sur le passage des touristes et, à l'instar des débitants de certaines pénacées, dans les vespasiennes. S'il ne promet pas constamment mille francs par journée, il assure aux pontes, pour des sommes relativement minimes, une fortune aussi brillante que rapide.

Pourquoi, puisqu'il tient les arcanes du jeu, puisqu'il possède le *Sésame ouvre-toi* des trésors, la clé magique des biens de ce monde, qu'il commande au hasard, loge-t-il dans un taudis, porte-t-il des bottes éculées, du linge sale, et ne peut-il se commander un paletot ? Ah ! il vous le dira lui-même,

s'il ne l'a déjà fait dans une affiche réclame.

M. PIQUOISEAU, professeur de roulette et de
trente-et-quarante, auquel les salons de Monte-Carlo
ont été interdits pour l'empêcher d'appliquer son
système infaillible, s'offre... etc, etc...

Voilà l'explication simple ! Il ne peut jouer,
il lui est impossible d'appliquer son infaillibilité pour son propre usage. L'administration tremble devant lui et s'est hâtée de lui
fermer ses portes; il ruinerait le Casino. Et
lui, qui peut donner des millions à tous, oui,
monsieur, est en quête d'une pièce de cent
sous !

S'il fallait en croire quelques mauvaises
langues, ces « professeurs » ne seraient rien
moins que des « allumeurs » aux gages du
Casino, pour attirer les niais dans le gouffre.
Mais est-il besoin d'*allumer* les joueurs par
des moyens factices? Ils s'allument suffisamment eux-mêmes.

Je crois, au contraire, que la plupart de

ces pauvres diables sont d'anciens croupiers expulsés, des pontes malheureux qui, le décavage venu, se sont mis à étudier des martingales dont ils essayent l'infaillibilité avec des jetons ou des haricots.

Ils ne se contentent pas des réclames et des affiches, ils distribuent ou vendent de petites brochures, et les librairies de Marseille à Gênes sont inondées de ces élucubrations.

*   *   *

Il en est de bien amusantes ; je puise dans le tas :

« Monte-Carlo, sans défense, pour éviter sa ruine demande protection à *l'arbitraire*.

« Un esprit penseur, premier professeur de roulette de Paris, appuyé de vastes connaissances, vient de trouver le vice qui existe dans la cadence imparfaite de ce jeu, que son créateur n'a pas prévu.

14

« Le Professeur gagne *cinq cents francs à l'heure* avec un capital ordinaire; aussi l'administration du Casino, après l'avoir observé dans ses salons de jeux, n'a trouvé *son salut qu'en lui retirant sa carte d'entrée.*

« Cette mesure *arbitraire l'a déterminé* à donner des séances gratuites, dans l'unique but d'entraîner la ruine de Monte-Carlo au profit des joueurs. »

Celui-là au moins est franc; ce n'est pas, comme le célèbre sénateur Bérenger, une furie de morale qui le harcèle, mais le prurit de vengeance chère aux dieux et aux mortels. Il faut donc se hâter de courir à ses séances, car avec un pareil gaillard le Casino n'en a pas pour longtemps.

Continuons :

« Si un joueur quelconque doutait du gain précité, le Professeur *accepte le pari* avec des permanences sorties des salons de Monte-Carlo ou avec une roulette que le joueur fera tourner lui-même... Tous les raisonnements, toutes les réflexions tombent, *l'exécution* seule prime. Taisez-vous ou pariez ! »

Hâtons-nous de nous taire.

*   *
*

Un second, qui s'intitule « l'Inventeur », prévient MM. les Commerçants, Financiers et Industriels qui voudraient donner de l'extension à leurs affaires ou que des revers de fortune auraient inopinément affectés, *et qu'il y aurait urgence à rétablir (sic)*, qu'en jouant cinq heures par jour sous sa direction, il leur fera gagner avec un capital relatif *quarante mille francs*, soit un million deux cent mille francs *par mois !*

Mais alors, comment tiendra la banque, pour peu qu'il trouve une demi-douzaine de clients !

« Ce chiffre, ajoute-t-il, peut paraître insolite, mais, comme le dit un grand auteur, quand on cherche la vérité on la trouve, *surtout quand la preuve peut être faite avant l'exécution*, et cela sans débourser un centime.

« Sur invitation orale ou par écrit, l'Inventeur se rendra au domicile des joueurs ou à tout autre endroit pour leur donner préalablement des séances mentales et gratuites jusqu'à pleine et entière persuasion; une fois le joueur bien convaincu, l'Inventeur lui tracera sur un calepin la marche à suivre pour aller à coup sûr au Casino. »

Le plus amusant de ce *factum* est qu'il se termine en rappelant à messieurs les joueurs (*sic*) que personne ne peut gagner à la roulette au moyen des systèmes, tous succombent. Mais, alors...

« Seule la science appuyée du Génie a raison de tout! Avec elle j'ai vaincu le hasard : je gagne *cinq cents francs à l'heure* avec un capital médiocre, et *huit mille francs à l'heure* avec un capital plus fort ; le doute n'est pas permis ; je soutiens le pari avec les incrédules du 1er janvier au 31 décembre. *J'attends le défi, espèces en mains.*

« Voilà qui est sérieux. »

Voici le bouquet :

« Ce qui n'est pas sérieux, c'est d'avoir bafoué Jacquard ;

« D'avoir conspué Vaucanson ;

« D'avoir taxé Fulton de folie ;

« D'avoir ri de Descartes, de Copernic, etc.

« Mais aussi tous ces inventeurs divers qui ont su faire un nom à leurs familles et la gloire de leur pays pleurent depuis longtemps sur un vain peuple.

« Je me tiens à la disposition des Commerçants, des Financiers, des Industriels, des petits et gros Capitalistes, pour leur donner la preuve incontestable qu'en jouant sous ma direction ils gagneront toujours.

« Une ombre de doute ne peut rester dans

l'esprit d'un homme sensé; en effet, si vous doutez, pariez avec l'Inventeur, vous gagnerez son argent, ses louis valent ceux de Monte-Carlo, d'où il appert que le pari doit être votre loi.

« Ci-bas l'adresse de l'Inventeur.

« Monsieur le Professeur de roulette de Paris actuellement à Nice. Cabinet ouvert tous les jours.

« NOTA. — L'Inventeur met en garde messieurs les joueurs sérieux contre ses détracteurs intéressés et jaloux qui par l'acharnement même qu'ils ont mis à l'assaillir de critiques non fondées, non spirituelles, ont uniquement donné la mesure de l'importance qu'ils attachent à son œuvre qui n'est pas d'un joueur, mais bien d'un homme de labeur qui n'a jamais joué une tasse de café de sa vie; seul le travail l'a exhumé des entrailles de la science.

« (*Labor improbus omnia vincit.*) »

Autre fascicule; celui-là porte un beau titre : *Rayon dans les Ténèbres* — conseil important donné par un mathématicien.

« Dans les salons de jeux du Casino de Monte-Carlo est affiché l'extrait du règlement, où l'on lit : *Les jeux de convention ne sont pas admis.*

« Or, pour chaque personne sensée, cette annonce laconique de la part de l'administration du Casino n'est qu'une solennelle affirmation de l'axiome — prononcé depuis longtemps par la science — que ce n'est pas au moyen des jeux de pur hasard, ou des jeux combinés empiriquement et généralement pratiqués par les joueurs, que l'on peut lutter avec un succès positif, durable contre les avantages de la banque. — En effet, tous ces jeux, rapportant annuellement des millions à la caisse du Casino, sont évidemment très désavantageux aux joueurs; et ils le sont principalement parce que dans ces jeux la convention (c'est-à-dire la possibilité de faire la compensation pour diminuer la perte, produite par le refait comme le témoigne l'annonce ci-dessus mentionnée) est interdite par le règlement du Casino, Pourtant il serait bien injuste de reprocher à son administration l'interdiction des jeux de convention, puisqu'elle ne peut pas agir autrement : elle interdit ces jeux par nécessité absolue, — pour sauvegarder l'existence même de l'établissement. Mais d'autre part les joueurs intelligents et en connaissance des lois mathématiques ont toujours un moyen — non subreptice, mais honnête et loyal — de pouvoir faire dans leurs jeux l'opération de la compensation sans que l'administration du Casino puisse le leur interdire...

« Or, tous ceux qui voudraient profiter de l'immense avantage présenté par les jeux de convention ne doivent pas se fier à l'empirisme seul, mais aussi et principalement consulter les lois mathématiques, car c'est à l'aide de ces lois absolues et infaillibles qu'ils pourront combiner des procédés plus sérieux et solides, ayant la force pour combattre le refait par la compensation, et vaincre les écarts.

« Ce conseil donné, je me permets d'annoncer au lecteur qu'après des longues recherches j'ai réussi à combiner des procédés basés autant sur les principes théoriques que sur les données pratiques, qui présentent toutes les qualités pour convertir le jeu en une spéculation financière solide et très lucrative. »

Ceux qui voudraient plus amples renseignements sont priés d'adresser leurs lettres, soit en français, anglais, russe, allemand, italien ou grec, à M. le Mathématicien. Je suppose que c'est surtout le grec qu'on doit parler dans son officine où pour être admis comme partenaire il faut apporter 2.000 fr.

En voici un autre, au contraire, qui déclare tout calcul superflu.

Qui veut gagner? Tel est le titre alléchant de son opuscule, et comme sous-titre : *Révélations d'un Croupier de Monaco*, avec cette épigraphe significative :

Lasciate ogni speranza voi che entrate.

(DANTE.)

Mais c'est justement le contraire qui a lieu.

« Il serait plus facile de trouver la quadrature du cercle, dit-il, que de gagner au jeu. La probabilité de gagner est une utopie née dans les cerveaux fêlés, et n'est cultivée que par des gens ne connaissant pas les premières règles des mathématiques. »

Après ce début aussi explicite que décourageant, notre homme ne manque pas de débiter un long boniment où il développe un système infaillible !

* *

Sur la promenade des Anglais, qui forme

une guirlande de palmiers au doux rivage de Nice, doux aux riches et aux bien portants; une vieille dame de mine et de mise respectables me glisse, souriante et mystérieuse, un papier sous enveloppe. Je crois d'abord à une de ces communications évangéliques que répandent pour la béatification des foules les missions protestantes.

Rien de cela. Six pages de texte, sans compter la couverture :

ÉTUDE DU JEU DE LA ROULETTE

ET ANALYSE AUX COULEURS

d'après lesquelles le problème a été résolu

PAR

La Comtesse d'ANGE

—

Prix : 1 FRANC

Et on me l'offre gratis, enrichie d'un autographe de l'auteur, que je copie textuellement :« Afin d'évité la ruine, le moyen de gagné est démontré et pour lequel il ne faut guère de capitale ».

Mais il est permis à la comtesse d'Ange de ne pas savoir l'orthographe, puisque George Sand elle-même l'ignorait. Puis, pas besoin de grammaire pour faire sauter la banque.

« Le jeu de la roulette, dit la vieille dame, peut être comparé à une belle jeune fille... et que bien des hommes voudraient posséder!... Comme il en est du gros lot. Evidemment! chacun espère le gagner, et... parfois que des billets sont achetés!... Au tirage, chacun fouille dans ses poches pour les chercher et... afin de vérifier... si l'on a gagné. Et combien peut-il y en avoir qui aient cette chance-là?... Quel nombre de gens se sont fouillés après avoir déboursé... Va pour le hasard et l'égalité!... Eh bien, dites-vous, lecteurs, comment a-t-on résolu le problème?... »

Vous le saurez, en envoyant cinq francs à la vieille dame; c'est pour rien. Le saut de la banque mis à la portée de toutes les bourses! La fortune pour cinq francs!

« Est-il possible qu'on hésite? » conclut la comtesse, après six pages du même galimatias. « Est-ce possible qu'en un siècle auquel l'on croit être si avancés... l'on prenne les vers luisants... pour des lanternes magiques... et à perpétuité!... Une fois de plus, donc, j'ai à dire : l'argent fait l'argent... A moi les pauvres et les riches, qui peuvent faire sauter la banque... au lieu de lui donner et de se faire sauter après!

« Que diable !!!

« Le bon génie :

« Comtesse D'ANGE. »

*
*   *

J'eus, quelques jours, pour voisin de table d'hôte un grand vieillard de haute mine. Il se rendait quotidiennement à Monte-Carlo et je le voyais au retour alignant des chiffres et couvrant son calepin de signes bizarres, étoiles, triangles, plus ou moins coupés de hachures, puis de petits ronds blancs et noirs reliés entre eux en ligne droite et en bascule. A table, il ouvrait de temps en temps son calepin, supputait, calculait, griffonnait, puis, à peine son café pris, retournait au Casino.

— Gagnez-vous? lui demandai-je un soir qu'il me parut moins absorbé que de coutume.

La question était quelque peu indiscrète; mais, le bonhomme m'intriguait, et, d'ailleurs, il est à remarquer qu'un joueur avoue rarement qu'il gagne; aussi je m'attendais à une réponse négative.

A mon étonnement il me répliqua :

— Je gagne toujours, monsieur.

— Oh! quelle veine !

Il me regarda fixement, comme s'il voulait m'hypnotiser; puis, après un moment de silence :

— Détrompez-vous. Ce n'est pas une veine, c'est le fruit du calcul et de l'expérience. Je refais par le jeu une fortune enlevée par le jeu. Et quand même je perdrais, je jouerais encore, je jouerais jusqu'à ce qu'il ne me reste plus de quoi ponter cent sous. Voyez-vous, quand on devient vieux, qu'on a tout perdu, ses dents et ses cheveux, et toutes les illusions, l'ambition comme l'amour, le jeu reste, et console de tout.

— Oh! tant qu'on gagne ça va bien. Mais quand on perd, c'est différent. « Argent perdu rabat toute joie. »

— Monsieur, me répliqua-t-il, je vous ai dit que je gagnais toujours.

Et pour me convaincre, le lendemain il me communiquait un manuscrit qui me parut tellement bizarre que j'en copiai quelques pages :

« *Les Banques retournées :* c'est-à-dire des millions à gagner avec la nouvelle découverte vulgarisée par ce livre.

« Prenez et lisez :

« Les Banques retournées ou le gain forcé
en faveur des joueurs par l'emploi du *Balancier des nombres*...

« Pourquoi le jeu est-il si dangereux? Par
ce que n'en connaissant pas la loi on joue
au hasard, et que n'aimant pas à perdre on
court après son argent...

« D'abord, il n'y a pas de hasard.

« Il n'ya pas de hasard, parce que le hasard
serait un effet sans cause, le rien qui produi-
rait, le néant créateur, l'absurde en un mot.

« Ce que nous appelons le hasard, c'est
l'*inconnu*; mais, l'inconnu de la veille, c'est
la découverte du lendemain.

« Car, tout ici et là-haut obéit à des lois,
et à des lois aussi positives et invariables que
celles qui règlent le cours des astres.

« L'inconnu du jeu, c'est la justice éternelle distribuant autant de bien que de mal;
c'est la montagne qui a deux versants, la
vague qui ne s'élève qu'à la condition de
retomber d'une hauteur égale.

« C'est le balancier d'un pendule dont
l'oscillation à gauche fait toujours équilibre
à l'oscillation à droite ; en un mot, c'est
l'équilibre, l'équibre en action...

« C'est... »

Comme à Françoise de Rimini, le livre
me tomba des mains. Je le rendis au vieux
gentleman.

Celui-ci était un convaincu, ayant foi en
son système, n'en trafiquait pas, opérait
pour lui seul, et c'est par pur orgueil d'inventeur qu'il voulait bien me le commu-
niquer. Je dois avouer, cependant, qu'il ne
me montra pas tout ; son manuscrit n'était
qu'une sorte de prolégomène suivi d'un
second volume, soigneusement caché, où il
soulevait le voile d'Isis.

Je le mets dans la catégorie des illuminés,
mais en dehors de celle des fumistes, et j'en
reviens aux trucs des « professeurs ».

15.

* *
*

Procédé des plus simples. Une fois le *gogo* « empaumé » le praticien lui fait verser une somme variant de 500 à 10.000 francs, et l'on se rend dans les salles.

Pendant les péripéties de la lutte, les tâtonnements préliminaires avant de « suivre l'esprit du jeu », les passages d'une table à l'autre, le professeur trouve facilement l'occasion de mettre à l'abri une somme rondelette, puis on opère avec le restant.

S'il gagne, il palpe naturellement le tant pour cent sur le bénéfice de son élève ; s'il saute, il s'est largement payé d'avance et de sa peine et de son temps.

Carle des Perrières en cite un qui pontait avec rage et à chaque coup de roulette remettait son crayon dans son gousset, pour le retirer la seconde d'après.

Inutile de dire que le crayon n'entrait en poche qu'escorté de deux ou trois louis.

Un autre venant de perdre le dernier coup de sa martingale infaillible, se lève froidement, serre soigneusement son calepin, et montrant au client ahuri sa carte piquée :

— Eh bien, nous avons trouvé le *monstre*! Voilà tout, c'est le monstre! Il y a quinze ans, monsieur, quinze ans que je joue, et je ne l'avais pas rencontré. On me le raconterait, oui, monsieur, on me le raconterait que je me refuserais à le croire...

Il avait passé son bras sous celui de sa victime, et l'entraînait hors des salles.

— Venez prendre un verre de madère, ma femme est là; elle va être bien étonnée quand je lui apprendrai que j'ai trouvé le « monstre ».

**
* *

Le plus souvent, à la suite de quelque friponnerie aux tables, l'entrée des salons leur est interdite, et ils ne manquent pas, ainsi qu'on l'a vu, d'attribuer cet ostracisme à la crainte qu'on a de leur système.

Ils accompagnent alors le client jusqu'à la porte, après lui avoir livré contre espèces sonnantes le secret de leurs martingales, et le guettent à sa sortie.

S'il a gagné il n'hésite pas à donner le tant pour cent promis; s'il a perdu, constatation facile d'après la mine, ils s'éclipsent prudemment, à moins que, payant d'audace, ils ne prouvent au malheureux qu'il n'a pas suivi la marche, qu'il a commis une erreur, hésité au lieu d'agir, « manqué d'estomac ».

— Il faut s'empoigner avec le hasard, monsieur, le dompter; oui, monsieur, le dompter!

Ou bien :

— Vous avez manqué de confiance. Tout joueur peureux est perdu d'avance. Ah! si vous m'aviez dit que vous manquiez de confiance!

A une dupe qui, suivant scrupuleusement

la marche indiquée, avait vu ratisser ses derniers bataillons, le professeur, sourcil froncé, pose sévèrement cette question :

— Voulez-vous me permettre de vous demander, monsieur, où vous avez passé la dernière nuit?

— Mais !... fait « l'élève » stupéfait et rougissant.

— Dans l'orgie, monsieur, ne le niez pas. Dans l'orgie ! N'avez-vous pas lu M. Alexandre Dumas fils? Lisez M. Alexandre Dumas fils, expert en la matière. Vous verrez que pour gagner au jeu il faut rester chaste et tempérant.

Mais je n'en finirais pas si je voulais raconter toutes les défaites de ces maîtres-fripons, qui, d'ailleurs, n'en usent ainsi qu'à l'égard des dupes très jeunes ou très naïves.

* * *

Je veux cependant citer pour conclure un exemple typique du degré de crédulité où peut arriver le joueur. Il s'agit d'un rentier parisien qui, se trouvant à Genève, y fit la connaissance d'un professeur de jeu, un certain Paul de R..., qui s'intitulait *nécromancien ès mathématiques*, titre non encore admis par l'Université, et se disait expert dans l'art de forcer, par de savantes combinaisons de chiffres, les hasards les plus rebelles à lui être favorables.

Le rentier le pria, moyennant large récompense, de lui enseigner ce merveilleux secret.

Paul de R... se mit très complaisamment à la disposition du néophyte et lui expliqua l'infaillible martingale grâce à laquelle on est toujours certain de gagner à toutes sortes de jeux : à la loterie, à la roulette, au whist, au trente-et-quarante et aux petits-chevaux.

Le système était fort simple : il suffisait de tenir compte de l'heure où le soleil se lève, de l'âge de la lune calculé au moyen de l'épacte, du chiffre cabalistique désignant la constellation sous laquelle est né le joueur, du nombre d'années, de mois et de semaines écoulé depuis le commencement de l'ère chrétienne jusqu'au moment où l'on opère, enfin de l'âge du joueur, ce facteur pouvant avoir une influence sur le résultat final.

En combinant tous ces nombres par des équations d'une étonnante limpidité, on arrivait immanquablement à faire de gros bénéfices. L'ensemble de ces opérations s'appelait le « calcul du loto mathématique », et était contenu dans un énorme bouquin in-folio, dont le rentier, tout à fait enthousiasmé, fit l'acquisition pour la modique somme de 5.000 francs.

Rentré chez lui, notre homme s'empressa d'essayer ce brillant procédé. Il opéra sur les loteries de Hambourg et de Naples et perdit *mathématiquement* et rapidement une dizaine de billets de mille.

Furieux d'avoir été trompé par les calculs savants de son grimoire, il écrivit ses plaintes à son professeur qui, suivant la coutume, laissa ses lettres sans réponse. Mais, quelque temps après, il le rencontre à la gare de Lyon, l'accoste et l'apostrophe :

— Vous m'avez indignement trompé — lui dit-il. — Vous m'avez fait perdre mon argent avec vos calculs idiots et vos signes cabalistiques !

— Parce que vous étiez trop bête pour les comprendre, riposta le nécromancien. Mes calculs idiots ? C'est vous, qui l'êtes ! Je ne vous ai vendu que des probabilités, en vous prévenant qu'il s'agissait d'une martingale occulte ! L'avez-vous seulement suivie jusqu'au bout ?

— Non, puisque je perdais tout le temps.

— Il fallait la suivre. Ne l'ayant pas suivie, de quoi vous plaignez-vous ?

C'est la réponse qu'ont fait, font et feront tous les professeurs de systèmes occultes ou non occultes.

CHAPITRE XI

LE JEU EN FRANCE

Quand ils furent chassés du Paradis terrestre, Adam et Eve jouèrent à pair ou impair avec des pommes, des osselets, des amandes, des fèves, des noix ou des cailloux. C'est là le plus ancien des jeux de hasard.

(Arsène HOUSSAYE.)

« Le jeu, écrivait Henry Bauer, est, de toutes les passions, la plus admirable et la plus funeste. Celle-ci les domine toutes, parce qu'elle ne s'use point ; qu'à travers le temps et les années elle conserve son intensité et sa violence. Il vient un âge où les femmes ne tressent plus de roses pour un front blanchi, où l'estomac délabré se révolte contre les morceaux délicats ; le jeu a

16

le privilège de l'éternelle jeunesse. Au tapis vert, le sexagénaire est aussi ardent et vaillant que le jeune homme; sans cesse il y retrouve des joies, des surprises, des émotions, des déceptions nouvelles. C'est l'un des révulsifs les plus puissants qui soient. Il comporte dans ses destinées incertaines et diverses l'oubli du présent et l'espérance de l'avenir. »

*
*　*

Oubli et espérance! C'est ce que nous cherchons tous, riches ou pauvres, car tous nous avons des soucis rongeurs que nous voudrions enterrer dans la nuit du passé; et sans jamais jouir du présent qui fuit, nous allons vers les choses inconnues et futures.... Et c'est pourquoi nous jouons toujours.

Et toujours on a joué en France, en dépit des prohibitions, des amendes, des emprisonnements. Sans remonter plus haut que Charlemagne, les jeux de hasard faisaient fureur, malgré les peines sévères édictées par cet empereur qui jouait lui-même comme un lansquenet. Ses successeurs tolérèrent plus ou moins ce qu'ils se sentaient impuissants à empêcher, et tous y allaient gaiement, qui du dé qu'ils pipaient, qui du tarot qu'ils marquaient, lorsque Charles V, en sa qualité de Sage, s'avisa de remettre en vigueur les anciens édits.

Mais il en est des édits comme de la morale, ils pèsent sur les petits, les grands s'en déchargent ; l'on connaît la légende des cartes inventées, soi-disant, pour distraire son successeur. Le fait est que, depuis deux siècles, elles étaient, sous le nom de *tarots*, importées d'Italie en Provence. Du château de Creil, elles se répandirent rapidement au dehors, et, en 1397, un prévôt de Paris, homme très fameux en science de morale et redoutable empêcheur de danser en rond, les proscrivit dans les lieux publics. Dans son ordonnance, il déclarait avoir découvert que le jeu enfantait tous les crimes.

Successivement, chaque passion humaine fut accusée de cette maternité. Dans son zèle de morale, le digne prédécesseur de certains de nos édiles comprenait dans sa proscription, outre les dés et les cartes, jeux de hasard et de filouterie, boule, paume, quilles et palet, jeux d'adresse.

Au lieu de s'ébattre en plein air — exercice salutaire, — on s'enferma dans les granges, et comme il est plus aisé de trouver un recoin qu'une salle, on abandonna peu à peu les exercices hygiéniques et sains pour se livrer en cachette au néfaste tripotage des figures de carton.

On continua donc à piper et à *cartonner* malgré les amendes et les prévôts, qui, les premiers, passèrent la jambe à leurs propres ordonnances, suivant l'antique usage des moralistes et l'antienne connue : « Faites ce que je vous dis, ne faites pas ce que je fais ».

* * *

Louis XI, Charles VIII, Louis XII « cartonnèrent », et Henri III perdit au jeu des sommes considérables. C'est sous lui qu'on commença à prélever un droit sur les cartes, peut-être la plus sage mesure de son règne. — Profitez des vices, gouvernants, profitez des vices, et renoncez à la sottise de les supprimer, vous seriez ruinés du coup. — Quant au roublard *Vert galant*, il gagnait presque toujours, car il trichait ferme. L'inévitable déveine l'atteignait cependant parfois comme les autres, car il écrivit un jour à Sully pour lui demander 9.000 livres perdues à la foire Saint-Germain, en bijoux et bagatelles, se plaignant que les marchands le *tenaient aux chausses*.

Trop intelligent pour ne pas laisser tomber en désuétude les vieilles ordonnances, il laissa s'ouvrir nombre de tripots luxueux pompeusement décorés du titre d'*Académie des jeux*.

16.

« Presque tous, dit l'Estoile, grands et petits, nobles et marchands, ne parlaient que jouer des pistoles avec tant de fureur qu'il semblait que mille pistoles fussent moins que n'était un sou du temps de François Ier; et ce fut la cause de tant de banqueroutes que l'on vit dans ce temps-là. » Eh bien, voilà qui rétablissait l'équilibre social !

* * *

Vers la fin du règne d'Henri IV on comptait, à Paris, quarante-sept brelans autorisés et dont les principaux magistrats de la ville retiraient chacun une pistole par jour. C'était pour eux le cas de dire : « A quelque chose le *vice* est bon ».

Ces tripots furent supprimés au commencement du règne de Louis XIII. Le morose monarque, qui, du reste, n'avait alors que neuf ans, était trop vertueux pour tolérer les humaines faiblesses. L'on remit les anciennes lois en vigueur, en ajoutant même à leur sévérité.

On n'en persista pas moins à jouer, ainsi qu'il appert d'une déclaration du 30 mai 1611, où le roi accorde à celui qui a perdu au jeu une action en justice, soit contre le propriétaire, soit contre le locataire de la maison où le brelan s'est tenu, pour se faire restituer par lui le montant de sa perte, ce qui est souverainement illogique et injuste, car, en cas de gain, le joueur se fût bien gardé de rien restituer.

Cet édit ridicule, renouvelé du droit romain, qui défendait les jeux de hasard, refusait aux tenanciers toute action devant les tribunaux contre les joueurs qui les battaient ou les volaient, n'autorisant que les enjeux consistant en l'écot d'un repas.

Ce même édit, Amédée VIII de Savoie le remit en vigueur. Dans les peines sévères infligées aux joueurs, il faisait exception en faveur des repas comme enjeux.

Ce joyeux compère, qui menait si large vie

en son château de Ripaille (Ripaglia), que l'expression *faire ripaille* en est restée, tolé-rait les jeux de cartes, à la condition qu'on n'y jouât que des épingles !

*   *   *

Sous Louis XIV on joua ferme. Lui-même donnait l'exemple, car à soixante-dix-sept ans il jouait encore au brelan, et quatre mois avant sa mort il fit quitter le grand deuil à la duchesse de Berry pour qu'il lui fût permis de jouer. Sous le Régent et sous Louis XV, on joue davantage encore. Voltaire qui, par avarice, ne jouait pas, disait que le centième de l'argent des cartes dépensé de son temps eût pu suffire à la construction de salles plus belles que le théâtre de Pompéi.

Mais à quoi bon des salles plus belles que le théâtre de Pompéi? Ce sont des asiles pour les vieux travailleurs qu'il faudrait, et le gouvernement qui les édifiera sur le jeu, fera acte plus méritoire que celui qui se livrera aux stériles efforts d'une impossible suppression.

Louis XVI avait le jeu en horreur; par contre, Marie-Antoinette en raffolait. Ses soirées de Marly sont restées célèbres; on y jouait des sommes considérables. Il suffisait, pour être admis au jeu de la reine, d'être bien mis, et présenté par un officier de la cour à l'huissier du salon de jeu. Il s'y commettait de continuelles tricheries, et Bachaumont raconte dans ses *Mémoires* que, pour y obvier, les banquiers du jeu de la reine obtinrent d'elle qu'avant de commencer la table serait bordée d'un ruban, et que l'on ne regarderait comme engagé pour chaque coup que l'argent mis sur les cartes au delà du ruban.

⁎

On jouait encore à la Cour, quand déjà la Révolution avait détruit la Bastille.

L'odieux régime de la Terreur n'interrompit pas les jeux, bien au contraire. Il y a peu d'époques, dit Boiteau d'Ambly, il n'y en a pas où plus de monde ait joué. « Dès que vient la nuit, on joue dans la rue. C'est le biribi qui a la vogue; c'est au biribi que l'ouvrier sans ouvrage risque ses liards fleurdelisés. La police arrive trop tard,... quand elle arrive. D'ailleurs il faudrait dix mille agents pour surveiller la ville. Et comment surprendre les délinquants? Les banquiers de ces banques démocratiques se servent des murailles et des bornes comme de tables; ils écrivent leurs comptes avec de la craie. »

Un simple détail donnera une idée de cette rage.

Une courtisane vendait douze cents livres par an la ferme des cartes froissées qu'on jetait après le jeu dans les corbeilles.

Sous le Directoire, même fureur. C'est au palais du Luxembourg que la *bouillotte* fut inventée. « Ils sont là-haut cinq rois, disait

Mme Tallien, qui suent sang et eau pour faire un brelan de valets », et elle installa en son hôtel un jeu de bouillotte.

L'Empire vit fourmiller le monde des joueurs. Napoléon consentait à jouer, quoique n'aimant, disait-il, pas plus le jeu que les femmes. Mais l'armée fournissait les plus gros contingents au tapis vert. Entre deux batailles l'officier se plaisait à risquer les économies forcées de la vie des camps.

Le jeu, d'ailleurs, fut toujours une passion chez les fils de Mars, peu soucieux du lendemain.

Courte et bonne, devise du soldat en ces temps de formidables coups d'épée. Puis, ce n'est pas à philosopher que l'on tue l'ennui des soirées de campement. Aussi attribue-t-on aux Grecs, pendant et avant le siège de Troie, l'invention de nombre de jeux de hasard. Parmi les héros de l'épopée impériale, Masséna, Murat, Junot, étaient de superbes joueurs. Boiteau d'Ambly cite au sujet de ce dernier une curieuse anecdote

tirée des Souvenirs diplomatiques de lord
Holland : « Quand Bonaparte partit pour
l'Italie, en 1796, il n'avait pas de quoi subvenir à ses dépenses et à celles de sa famille
militaire. Il réunit ses ressources et celles de
ses amis intimes, et les confiant à Junot,
l'envoya dans une maison de jeu y risquer le
tout, perdre ou gagner la grosse somme.
Junot alla, et bientôt revint chargé d'or. « Ce
n'est pas assez, dit le général, après avoir
compté la somme. Il me faut davantage. Retourne là-bas, et rapporte le double. Tout ou
rien. » Junot obéit, et revint encore une fois
vainqueur.

Si l'on jouait fort dans les armées impé-
riales, on jouait tout aussi fort dans les
armées étrangères. Les généraux donnaien
l'exemple. Souvarow avait l'habitude de re-
tenir sous sa tente les officiers de son état-
major, et ne les lâchait qu'après avoir raflé
leur solde. Pendant l'occupation de Paris,
Blücher se distingua comme l'un des plus
enragés pontes des maisons du Palais-Royal.

Le célèbre Bénazet en fut le fermier après le Premier Empire et jusqu'au règne de Louis-Philippe. Il versait par douzièmes une somme annuelle de près de six millions au Trésor.

Le roi-citoyen, devançant d'une vingtaine d'années les pudeurs allemandes, supprima ces *Académies* en 1836. Une trentaine de maisons de jeux publiques furent ainsi fermées un soir, et dès le lendemain cent coupe-gorges et tripots clandestins les remplaçaient.

Ils existent, et existeront toujours.

* * *

Nous sommes tous plus ou moins joueurs; nous aimons à risquer un enjeu quelconque, hasarder peu pour gagner beaucoup.

Ceux mêmes qui professent l'horreur du jeu, peuvent devenir du jour au lendemain des pontes enragés. « Connais-toi toi-même », répétaient les sages des vieilles écoles. « C'est la plus difficile des sciences. » Nous nous ignorons presque toujours, nous ne savons ce qui se passe dans nos arcanes; un hasard, une circonstance fortuite, un mot décide l'explosion d'une passion, l'éclosion d'une secrète gangrène.

Le goût du jeu se décèle partout, sous toutes les formes, et s'il est immoral, il est bien humain, et nous sommes tous immoraux.

Les déclamateurs contre la honteuse passion — et quelle passion n'a été appelée honteuse? — ne sont le plus souvent que des fesse-Mathieu qui n'osent risquer une pièce de peur de la perdre. Ah! s'ils étaient certains de gagner, on les verrait changer de thèse.

Le jeu est immoral surtout pour celui qui perd.

— Quel tripot! — s'exclamait un clubman introduit dans un cercle. — Il doit y avoir là une bonne moitié d'aigrefins.

— Je le crois comme vous — répondait un autre. — Le malheur est qu'on ne les connaît pas; l'on parierait pour eux.

N'étant pas joueur, ayant en horreur les cartes autant que les dés et les dominos, je parle en désintéressé; j'en reviens à une vieille marotte qui peut déconcerter les philosophes de haute envergure, les moralistes sévères et les politiciens qui font notre gloire : que les vices quels qu'ils soient devraient être canalisés pour la fortune des nations et le bien des misérables.

*
* *

Je ne prétends pas que le rôle de l'Etat soit d'encourager la passion du jeu. Pas plus que les autres, celle-ci n'a besoin d'encouragements, mais rien d'anormal à ce qu'il en tire des bénéfices. Ne bénéficie-t-il pas de la prostitution, de l'empoisonnement par le tabac, de l'ivrognerie, de la gourmandise? Et ce n'est pas plus immoral que d'imposer les denrées de première nécessité, de faire payer la lumière et l'air, de spéculer sur la faim et les besoins de prolétaires!

Une société bien organisée devrait vivre du luxe, des vices des riches et des besoins artificiels. Imaginez une nation de vertueux. Rien que des puritains, des buveurs d'eau, des jacobins farouches, des économes enfouissant leurs écus en leurs chaussettes, des sectaires se refusant tous les plaisirs de la vie, des austères dédaigneux de la bonne chère et de la belle chair, — je le dis en vérité, sans être grand prophète, ce serait un État ruiné.

Un antique sage à courte vue parlait de chasser les poètes des États, comme meubles inutiles. Ne sont-ce pas ces désastreux prêcheurs qui devraient être honnis comme nuisibles?

Ah! soyons humains! et que rien de ce qui est humain ne nous soit étranger.

Aimons la femme, les plaisirs, les poètes, les arts, et que ceux qui ont les moyens de se payer des vins coûteux, ouvrent toute grande leur escarcelle. Les caprices d'un riche font vivre cent pauvres.

D'ailleurs les fâcheux « raseurs » qui de temps en temps sont portés au pouvoir par les suffrages de la foule ignorante, réussiraient-ils à rééditer les lois draconiennes contre le jeu, que leurs lois, comme celles qui attentent à la liberté de penser, demeureraient sans effet. Les caisses publiques où ils plongent les bras jusqu'au coude quand il s'agit de mettre des entraves aux allures des « administrés » et des liens aux franchises nationales, et dont ils usent si parcimonieusement pour soulager les misères et doter les victimes du travail, les caisses publiques se videraient à entretenir les légions de policiers que cette législation imbécile rendrait nécessaires pour molester et tracasser des gens qui, comme le disait justement un éminent publiciste, Edmond Lepelletier, s'ils se font du mal entre eux, se le font comme les duellistes, — avec leur mutuel consentement.

17.

CHAPITRE XII

LES GRIMALDI

Le nom de ces héros, en brillants
[caractères
Partout se trouve inscrit : au Nord,
[chez les Ibères,
En Pologne, au Levant.
Leur glorieux blason, écartelé de
[gloire,
Depuis l'an neuf cent vingt fulgure
[dans l'histoire
En météore errant.

(Charles DIGUET.)

I

La situation exceptionnelle de la principauté de Monaco, qui a échappé aux annexions et est restée debout, protégée par sa propre faiblesse au milieu des immenses agglomérations européennes, n'est pas un des phénomènes les moins curieux de l'histoire; et peut-être n'est-il pas inutile de dire quelques mots de l'illustre famille qui depuis des siècles préside à ses destinées.

La maison de Grimaldi, qui, depuis huit cents ans, gouverne les Monégasques, est la plus ancienne maison princière de l'Europe. Bourbon, Hohenzollern, Habsbourg ne sont, comparées à elle, que des parvenues.

Giballin Grimaldi, au x° siècle, conquit Monaco sur les Sarrasins qui s'en étaient emparés, ainsi que de toutes les hauteurs voisines, lors de l'immense désordre que la mort de Charlemagne amena. La date précise est incertaine; quelques historiens la fixent à 920, d'autres à 960. Ce Giballin appartenait à une famille patricienne de Gênes, issue de Grimoald, fils de Pépin d'Héristal et frère aîné de Charles Martel, qui, à la bataille de Poitiers, sauva l'Europe occidentale de l'islamisme.

Le fils du conquérant de Monaco, Grimaldin Grimaldi, également grand pourfendeur de Maures, aida puissamment le comte d'Arles, Guillaume Ier, à leur expulsion de la côte de Provence. Il prit d'assaut leurs derniers retranchements, mit tout à feu et à sac et, suivant la mode du temps, en fit grande boucherie. En récompense, on lui octroya partie du territoire arraché à l'ennemi, de Saint-Tropez à Fréjus.

Les exploits des fils égalèrent ceux des aïeux. C'était l'âge des grandes équipées. On louait alors son bras et son épée pour les grandes tueries, comme on loue maintenant sa main et sa plume pour les rapines de banque. Servitude plus dangereuse, mais plus mâle. Aussi retrouve-t-on le nom de Grimaldi dans toutes les vaillantes besognes. Pendant les rares accalmies de ces temps troublés, les Monégasques s'élançaient du port d'Hercule dans de légères embarcations, pour faire la chasse aux tartanes sarrasines.

* * *

Il ne faut pas oublier que la civilisation grecque est entrée dans les Gaules par Monaco, altération de Monecos, qui signifie, dans la langue d'Homère, habitation isolée. Isolé, en effet, est ce roc, séparé de la côte par une mince bande de terre. Il se nommait *Portus Herculis Monocci*, plus couramment *Portus Monocci*, parce que, suivant la tradition, quelque hardi navigateur phénicien, auquel on donna le nom d'Hercule, débarqua à cet endroit 600 ans avant l'ère chrétienne, après avoir posé des jalons de colonies sur le littoral italique. Il vainquit les brigands des montagnes voisines, et ouvrit un passage dans les Gaules à travers les Alpes. Ses compagnons ou leurs descendants lui élevèrent un temple sur le rocher et nommèrent le port : Portus Herculis Monocci.

« Au Moyen Age, dit Jean Reynaud, on oublia la légende d'Hercule, et on retint seulement son surnom. » Les populations ignorantes métamorphosèrent le demi-dieu en moine. De là l'origine de l'écu de Monaco. Il représente un moine superbement bâti, à la barbe épaisse et courte, au visage fier, et en main une épée nue : Hercule sous le froc.

Succédant aux Sarrasins, les Grimaldi comprennent bientôt toute l'importance de leur rôle politique, car leur rocher est en quelque sorte la clef de l'Italie. Ils prennent part, dit Goulin[1], aux débats diplomatiques, à la politique générale de l'Europe, paient de leur personne comme guerriers, s'illustrent comme amiraux en Italie, en France, partout où sont en jeu les destinées des nations. Aucun d'eux n'a mérité le surnom de fainéant, comme tant d'autres souverains des premiers temps.

En 1085, on trouve un Grimaldi aidant Robert Guiscard à délivrer Grégoire VII, assiégé par l'empereur Henri IV dans le

1. *Monaco à travers les âges.*

château Saint-Ange. Au siècle suivant, la forteresse de Monaco est abandonnée ou détruite, et l'empereur d'Allemagne, Frédéric Iᵉʳ, fait cadeau de ses ruines à la république de Gênes, qui n'en prend possession que cinquante ans après, et relève les fortifications.

Il va sans dire que les Grimaldi bataillent aux Croisades; l'un d'eux même, en 1219, s'empare de Damiette. Cent ans plus tard Reinier Grimaldi, au service de la France, bat le comte de Flandres à l'embouchure de la Scheldt, et reçoit le titre d'amiral général. Ce fut le fils de ce vaillant marin que Philippe de Valois appela contre Edouard III d'Angleterre. Avec ses dix-sept galères, il ne cesse de harceler les Anglais, leur tue « moult bons compaignons », et, huit ans après, aussi brave homme de terre que de mer, il est, comme commandant général des arbalétriers génois, blessé à la bataille de Crécy.

A l'avant-garde avec ses 15.000 hommes,

déjà fatigués par une marche de six lieues et
écrasés par des forces supérieures, il se
repliait vers les positions occupées par nos
troupes, lorsque le roi, fou de rage, donna
l'ordre de les charger :

. « Or, tôt tuez toute cette ribaudaille, car
ils nous empêchent la voie sans raison. » Et
acte à jamais flétrissable, puni du reste par
le désastre, les chevaliers français, au lieu
de réserver leurs coups contre les Anglais,
frappent sur leurs alliés.

« Là vissiez gens d'armes en tous les
entre eux, férir et frapper sur eux, et les
plusieurs trébucher et chéoir parmi eux,
qui oncques ne se relevèrent. Et toujours,
trayaient les Anglais en la plus grande
presse, qui rien ne perdaient de leurs
traits; car ils empallaient et féraient parmi
le corps où parmi les membres, gens et
chevaux, qui là chéaient à grant meschief;
et ne pouvaient être relevés, si ce n'est par
force et par grand'aide de gens. Ainsi se
commença la bataille entre la Broye et Crécy

en Ponthieu, ce samedi à heure de vesprès. »
— (Froissart.)

« Sans cette maladroite ingratitude », dit un chroniqueur anglais, « nous n'eûmes pas si facilement gagné la bataille, car nous profitâmes du désordre qui s'ensuivit pour foncer en avant. »

A peine remis de ses blessures, Charles Grimaldi recourait sur ses galères à la rescousse de Calais. C'est ce Charles Grimaldi (Charles Iᵉʳ) qui acheta de la famille Vinto la seigneurie de Menton pour 16.000 florins d'or, et Roquebrune, de Pierre de Lascaris, comte de Vintimille.

* * *

Pendant les xiiiᵉ et xviᵉ siècles, Monaco est mêlé aux querelles des Guelfes et des Gibelins. La ville est prise et reprise, Grimaldi et Spinola la possèdent tour à tour. Charles Grimaldi, en 1345, tente sans succès contre Gênes un coup de main et bat en retraite.

Les Génois, à leur tour, assiègent Monaco, qui tient bon pendant un mois.

Pendant le xve siècle, ce formidable rocher, toujours convoité par les comtes de Provence, la République de Gênes, les ducs de Milan et de Savoie, change souvent de maître. Jean Ier le vend pour 1.200 écus d'or au Dauphin, depuis Louis XI, qui s'empressa de n'en pas payer une fleurette ; aussi le successeur de Jean enlève dès son avènement la bannière delphinale, qui flottait sur sa tour à côté de la bannière princière.

Louis XI, cependant, n'en garda pas rancune aux Grimaldi, car il confirma, en 1462, leur droit d'écumer les mers. Pendant les guerres d'Italie, ils fournissent leur contingent à Charles VIII et à Louis XII et reçoivent en récompense le gouvernement de la Riviera.

L'année de la mort de Louis XII, Lucien, qui avait succédé à son frère Jean II, racheta les droits que gardait sur Menton Laure Lascaris, comtesse de Villars et de Tinde ; et

Menton devint exclusivement dépendance de la seigneurie de Monaco.

II

. L'existence politique de la principauté monégasque fut affirmée avec éclat et à plusieurs reprises, d'abord au xve siècle, sous Lambert Grimaldi ; puis, en 1512, par Louis XII ; en 1524, par Clément VII et Charles-Quint, au traité de Burgos, et, finalement, au xviie siècle, sous le prince Honoré. Mais elle avait été considérablement réduite. On a vu que, pendant les invasions de l'Italie par Charles VII et Louis XII, les Grimaldi, qui apportèrent leur épée au roi de France, avaient reçu comme récompense le gouvernement de la *Riviera*.

Lorsque Charles-Quint prit la Principauté sous sa protection, consacrant la souveraineté de ses princes et anoblissant en masse tous les Monégasques, elle ne comptait déjà plus que 130 kilomètres.

* * *

La chronologie officielle désigne Honoré Ier comme le premier Grimaldi ayant porté le titre de prince; mais ce titre ne fut sanctionné que lorsque Louis XIII le donna à Honoré II, à la suite d'une entrevue, le 22 mai 1642, au camp de Perpignan, où le maréchal Schomberg le présenta au roi. Louis XIII l'embrassa chaleureusement, mais lui fit observer que la Toison d'or, qu'Honoré II portait, symbole du joug espagnol, n'était plus de saison. Honoré, montrant le petit agneau du collier, répondit : « Le vrai symbole, le voici ! C'est l'Espagne, que Votre Majesté tond sur tous les champs de bataille ». Puis il enleva son collier, et le fit reporter au roi d'Espagne. Louis XIII, enchanté de son protégé, lui donna ce même jour le duché-prairie de Valentinois, le comté de Carlodez, les baronnies de Buis, de Calvinet, la terre et seigneurie de Saint-Remy, compensation des biens que le prince de Monaco abandonnait à l'Espagne, à Naples et à Milan.

Après le protectorat espagnol, qui avait duré cent dix ans, la Principauté passait donc sous celui de la France ; la garnison espagnole fut expulsée sans coup férir, et les Français occupèrent la citadelle. Louis Ier, successeur d'Honoré II, joignit sa flottille à la flotte de Louis XIV pour secourir les Hollandais, et l'on vit l'oriflamme des princes de Monaco au fort de la mêlée à la bataille navale de Texel. La lignée mâle s'éteignit avec Louis Ier en 1731. Sa fille, mariée à Jacques Léonard de Goyon Matignon, comte de Thorigny, illustre maison de Bretagne, laissa à son fils, Honoré III, la souveraineté de Monaco et le nom de Grimaldi.

Ce fut ce même Louis, prince luxueux et prodigue, qui, sur un autre champ, devint l'heureux rival de Charles II d'Angleterre, en gagnant les faveurs de la belle duchesse de Mazarin, cette Hortense Mancini dont Saint-Evremont disait :

18.

« Une de ces beautés romaines qui ne ressemblent point à vos poupées de France. »

Nommé en 1698 ambassadeur de France à Rome, le prince Louis y fit son entrée avec des chevaux ferrés en argent; les fers cloués de façon qu'on pût les perdre en chemin.

Un régiment de Monénasques prend part à la bataille de Fontenoy. Son colonel, Honoré III, y est blessé avec son frère Maurice; à Laufeld, il a son cheval tué sous lui; blessé de nouveau aux sièges de Berg-op-Zooms et de Maestricht, Louis XV l'élève à la dignité de feld-maréchal, et donne la croix de Saint-Louis à six de ses officiers.

*
* *

En 1793, Nice fut réunie à la France, et le 31 janvier, sous ce même Honoré III, un décret de la Convention, sur la proposition de Carnot, réunit la Principauté au territoire

de la République, comme 85ᵉ département.
Monaco prit le nom de Fort-Hercule, et Honoré qui, après la perte de ses droits féodaux, s'était retiré en Normandie, fut arrêté, malgré ses soixante-dix ans, le 28 septembre 1793, jusqu'au 28 juillet suivant. Il mourut le 12 mars 1795.

En 1797, le Gouvernement fit vendre aux enchères le peu que les pillards avaient laissé au palais des princes de Monaco, et la résidence glorieuse des Grimaldi fut transformée en hôpital militaire ; puis, en 1806, en dépôt de mendicité [1].

Pendant l'Empire, le fils aîné de l'illustre maison sert aux hussards dans l'armée du Rhin sous l'intrépide Murat, et tombe grièvement blessé à la bataille de Hohenlinden.

Il fit ensuite dans l'état-major de Murat les campagnes d'Allemagne de 1806 et 1807,

1. Goulin. *Monaco à travers les âges.*

et celle de 1808 en Espagne. Puis l'Empereur l'attacha en qualité de grand écuyer près de l'impératrice Joséphine.

Les traités de 1814, grâce à l'intervention de Talleyrand, rendent à la Principauté son autonomie et sa famille souveraine. Honoré IV, alors malade à Paris, délègue pour le représenter son frère Joseph qui part aussitôt prendre possession du petit Etat. Le fils d'Honoré va le rejoindre en chaise de poste.

On raconte que près de Cannes il tombe sur un piquet de grenadiers de la garde. On arrête sa voiture, on l'oblige à descendre, et le général Cambronne le conduit devant l'Empereur qui venait de débarquer de l'île d'Elbe à la tête de 600 hommes.

— Tiens, s'exclama Napoléon, Monaco! Où diable allez-vous?

— Sire, je vais comme vous à la recherche de mon royaume, répondit en riant Grimaldi.

— Singulière rencontre, riposta l'Empereur, deux Majestés sans place ! Mais, Monaco, peut-être avez-vous tort de vous déranger. Avant huit jours je serai à Paris, et dans l'obligation de vous reprendre votre trône, mon cousin. Revenez plutôt avec moi : je vous nommerai sous-préfet de Monaco, si vous y tenez absolument.

— Vos bontés me comblent, Sire. Mais je tiendrais bien plus à faire une restauration, de si courte durée qu'elle soit.

— Allons, je vous donne trois mois, et vous garde, aux Tuileries, votre place de chambellan.

Ce prince administra l'État de Monaco jusqu'à la mort de son père, survenue en 1819, et signa ensuite pendant vingt et un ans sous le nom d'Honoré V.

La Principauté reçut, en 1815, quelques troupes anglaises, qui restèrent cantonnées à Nice ; puis deux compagnies d'un régiment anglo-italien, à la solde de l'Angleterre, l'occupèrent jusqu'au second traité de Paris qui enleva Monaco à la France, et le fit passer sous le protectorat de la Sardaigne.

En 1860, la Principauté rentra sous celui de la France, mais diminuée de deux tiers de son territoire par la séparation de Roquebrune et de Menton qui, en 1848, s'étaient déclarées villes libres, et dont, à l'annexion du comté de Nice, la France racheta les titres féodaux pour la somme de quatre millions.

L'enclave de Monaco, compris en entier dans le canton de Menton, n'a plus qu'une longueur de trois kilomètres et demi, sur une largeur variant de un kilomètre à cent cinquante mètres, et contient environ deux mille habitants.

Ce n'est pas la première fois que Roquebrune et Menton se séparaient. En 1466, elles s'étaient données au duc de Savoie, qui les restitua bientôt après. Deux ans plus tard, Menton se révolte de nouveau. Le duc de Milan en prend possession ; mais, en 1477, Lambert Grimaldi, après un siège de sept jours, rentre triomphant dans sa ville rebelle. Un instant, de 1705 à 1713, la curieuse petite ville de la Turbie, qui domine Monaco, fut enchâssée dans la Principauté; le traité d'Utrecht la rendit à la Savoie.

Sans le *loyalisme* des habitants de Monaco, c'en était fait de la Principauté. A ce moment paraît la figure énergique de Charles III. Il avait fait ses études à Paris, au lycée Henri-IV, et s'était fait recevoir licencié en droit.

« La mort d'Honoré V, dit Albert Condamin, en appelant son frère Florestan Ier à la couronne, avait, en 1841, fait le prince Charles héréditaire de Monaco. Des voyages accomplis pendant les années qui suivirent, des visites dans les principales cours d'Europe, enfin des séjours prolongés à la cour de Turin avaient fait apprécier ses qualités sérieuses, son intelligence vive et pénétrante ; il venait de s'allier à une maison illustre, dont le chef eût pu ceindre la couronne de sa patrie émancipée, si le vœu du peuple n'avait dû s'incliner devant la combinaison de la diplomatie. »

La princesse Antoinette, mère du prince régnant, appartenait à la maison de Mérode, une des plus anciennes et des plus illustres des Pays-Bas, car elle remonte à Pierre Bérenger, l'un des fils de Raymond Bérenger, roi d'Aragon et comte de Barcelone et de Provence, qui à son retour des croisades en 1179 épousa l'héritière de Mérode, terre seigneuriale du duché de Juliers. Protecteurs de la République de Cologne, barons libres, comtes du Saint-Empire, princes de Rubempré, d'Everberghe et de Grineberghe, les Mérode ont tenu à toutes les époques à justifier leur devise : *Plus d'honneur que d'honneurs.*

La princesse Antoinette était une femme supérieure, unissant la distinction et les grâces de la personne à l'élévation d'un esprit cultivé. On lit avec plaisir les extraits de sa correspondance où elle raconte avec humour son entrée dans la Principauté, à dos de mulet, sur la route à escalier qui conduit au Château ; la réception pittoresque que lui font les habitants, et aussi sa déception devant les murs délabrés du palais qu'elle avait rêvé une résidence féerique. C'est qu'alors la Principauté n'était pas le Pays de Cocagne d'aujourd'hui.

Le prince actuel, Albert Ier, naquit le 13 novembre 1848. Il épousa en septembre 1864 la duchesse Marie Douglas Hamilton, avec laquelle il divorça en 1880.

Il épousa en secondes noces la duchesse de Richelieu, nièce du célèbre écrivain Henry Heine.

Albert Ier est fort connu, non seulement dans le monde diplomatique, mais comme lettré et comme savant.

Ses articles de la *Revue des Deux Mondes* sur les cyclones et les courants océaniens, résultat d'observations faites pendant plusieurs explorations à bord de son yatch *l'Hirondelle*, l'ont placé au premier rang des novateurs et des zoologistes.

Excellent marin, il servit sur notre flotte en qualité de lieutenant de vaisseau pendant la guerre de 1870-1871, lors de l'expédition de la Baltique qui inquiéta si fort l'Allemagne et dont le gouvernement de la défense nationale ne sut, comme de bien d'autres ressources, tirer aucun parti.

III

Les princes de Monaco ont donné à la France quatre Grands-Amiraux, nombre de cardinaux à Rome, onze doges à Gênes, un Capitaine-Général à Florence. Ils ont reçu de Charles-Quint et de ses successeurs d'importants fiefs en Espagne et dans les Deux-Siciles.

Parmi les célébrités monégasques des temps modernes, il faut citer les généraux du Premier Empire, De Bréa, Adhémar, Moléon, le romancier Emmanuel Gonzalès, le sculpteur Bosio.

La Principauté offre l'exemple extraordinaire en Europe d'un gouvernement aussi absolu que patriarcal. Les *beautés* et les *bienfaits* du parlementarisme y sont inconnus. Nul, d'ailleurs, ne paraît s'en plaindre. Toute l'autorité est entre les mains du prince, dont il est de l'intérêt de n'agir que dans celui de la population.

Le Code Français y fut introduit en 1819, par Honoré V, qui institua, en même temps, un conseil d'État, créa un Tribunal supérieur et des Justices de paix. Une centaine de gardes, coquettement habillés de bleu, représentent la force armée; la police est faite par une escouade d'agents et un peloton de gendarmes.

Ce qui peut paraître extraordinaire, c'est que Monaco soit représenté à l'étranger. Il y a cinq consuls en Belgique, deux en Autriche, seize en Italie, six en Espagne, un à New-York, un au Portugal, un en Hollande, un en Russie, un pour la Suède et la Norvège, sept en Tunisie et onze en France.

De. tous les États d'Europe qui comptent des ports, l'Angleterre et l'Allemagne, seules, n'ont pas de consuls monégasques.

J'ajouterai à cette petite digression historique quelques curieux détails sur la généalogie et les titres des princes de Monaco.

Outre celui de prince souverain, ils portent les titres de duc de Valentinois, auquel était attaché celui de pair de France, duc d'Estouteville, duc de Mazarin, duc de Mailleraye, duc de Mayenne, prince de Château-Porcien, marquis des Baux, baron de Buis, comte de Thorigny, baron de Saint-Lô, marquis de Thilly, comte de Longjumeau. Ils sont, en outre, grands d'Espagne de première classe.

* * *

On a vu que la descendance mâle des Grimaldi s'était éteinte en 1731, en la personne de Louis Ier, dont la fille aînée épousa le comte de Guyon Matignon, qui, en vertu d'un testament de Jean Grimaldi, portant la date de 1454, se trouvait hériter, du chef de sa femme, du droit de transmettre à sa famille les armes, le nom et la Principauté des Grimaldi.

Cette substitution, d'armes et de nom, avait été renouvelée et développée dans les testaments de Catalan en 1457, de Lambert en 1487, et de Claudine en 1510 et 1514.

C'est en compensation des biens confisqués à Honoré II, dans les pays soumis à la domination de l'Espagne, lorsque ce prince chassa les Espagnols de Monaco pour se placer sous le protectorat de la France, que Louis XIII lui donna le duché-pairie de Valentinois et d'autres comtés et baronies.

Autre détail assez curieux :

Sans la loi salique, le seul prince qui pût faire valoir des prétentions à la Couronne de France ne serait autre qu'Albert Ier, le souverain actuel de Monaco.

Voyez plutôt cet arbre généalogique :

Son Altesse Sérénissime le Prince Albert Grimaldi descend, par les femmes légitimes,

19.

en ligne directe et au vingt-deuxième degré, du roi saint Louis de France, ce qui lui donnerait le pas sur les Bourbons.

Nous ne saurions enregistrer, degré par degré, cette longue généalogie. Disons cependant que de saint Louis elle passa à Philippe III le Hardi, puis à Charles de France, Philippe VI de Valois, Jean II le Bon, Louis de France, Louis II d'Anjou, René d'Anjou, Yolande d'Anjou, René II de Lorraine, Claude de Lorraine, René de Lorraine-Guise, Charles de Lorraine, Henri de Lorraine, Louis de Lorraine, Marie de Lorraine-Armagnac, Louis-Hippolyte de Grimaldi, Honoré III (Camille Léonce de Guyon-Grimaldi), Honoré IV (Anne de Guyon-Grimaldi), Florestan Ier (Tancrède-Roger-Louis de Guyon-Grimaldi), Charles III (Honoré de Guyon-Grimaldi) et enfin, de son mariage avec la princesse Antoine Ghislaine de Mérode, Albert Ier (Honoré-Charles), souverain régnant.

Terminons cette brève esquisse par ces

deux strophes d'une ode adressée à Charles III par Charles Diguet :

Enclavé dans la France, au bord de la mer bleue,
Sirène qui caresse en frappant de sa queue
        Son rivage embaumé,
Est un endroit charmant ; rocher, ville fantôme,
État, principauté, république, royaume,
        Par les siècles formé.
Il date de longtemps, son âge est séculaire,
Né tel, il reste tel — un aigle dans son aire : —
        Il n'a jamais grandi.
Il reste ce qu'il fut aux heures de vaillance :
Un nom plane sur lui, grand nom de souvenance,
        Celui des Grimaldi !

CHAPITRE XIII

LA LÉGENDE DE SAINTE DÉVOTE

Il ne ferait pas bon en rire devant les
Monégasques, pas plus que devant les Corses, d'ailleurs, car je faillis, l'été dernier,
avoir maille à partir avec un honnête bandit
de *Pietra di Verde* parce que je souriais des
vœux qu'il adressait à la sainte, dont la chapelle s'élevait dans un chemin désert en un
coin du mâquis.

Je ne veux donc pas quitter Monaco sans
parler de la pieuse légende qui se rattache
au patronage de cette élue du paradis.

* *
*

En ce temps-là, comme dit l'Évangile, à l'instigation de Galerius, Dioclétien commença ce qu'on appela depuis l'*ère des martyrs*. Il faut dire aussi que les Chrétiens devenaient envahissants. Suivant la coutume de tous les fanatiques, sectaires politiques ou religieux, ils prétendaient imposer leurs convictions, et faire le bien des gens malgré eux. En pays corse, terre de têtes exaltées, leur propagande était extrême, et leurs moyens de persuasion menaçaient de devenir violents. Je l'ai déjà dit, l'Histoire est à refaire. Malheur aux vaincus ! En tout martyr, il y a, parfois, l'étoffe d'un bourreau. Donc, la vieille société, sapée de toutes parts, se défendait de son mieux, comme la nôtre se défend actuellement, contre le formidable inconnu qui se prépare à la démolir. Un proconsul, préfet à poigne d'alors, fut expédié en Corse, muni d'ordres sévères et de pleins pouvoirs. Et, comme les fonctionnaires du dernier Empire, il commença l'œuvre d'épuration. Pas plus que les agents spéciaux de Napoléon III, il n'épargna les perturbateurs de l'ordre établi, qui est toujours, comme on le sait, le bon ordre. Sitôt pris, sitôt pendu..

Une jeune fille de la montagne, qui portait le nom prédestiné de *Dévote*, traquée par des légionnaires, leur échappe à grand'peine et court se réfugier chez le sénateur romain Enticus, homme docte et sage, quoique païen. Non seulement Dévote comptait à peine seize printemps, mais elle était jolie à ravir et possédait une paire d'yeux comme on n'en voit qu'en Corse. Je vous laisse à penser si le sénateur reçut la fugitive à bras ouverts.

Et, non content de lui donner asile, la légende rapporte qu'il se laissa convertir. Instruit du fait, le préfet à poigne le somma de lui livrer la belle aux lèvres si persuasives. Peut-être voulait-il aussi essayer de son éloquence. Enticus, comme bien vous le pensez, refusa avec indignation. N'osant le faire mettre à mort directement à cause de son influence, l'homme de Dioclétien lui envoya sournoisement son cuisinier ordinaire, initié dans l'art qui rendit célèbre l'empoisonneuse Canidie; il mêla adroitement quelques herbes choisies à un pâté d'anguilles, qui firent lestement passer Enticus de vie à trépas, et privèrent du coup Dévote de son sénateur.

Elle paraît devant le préfet à poigne, qui lui ordonne de sacrifier sur-le-champ aux dieux de l'Olympe, à commencer par le dieu Priape.

« Jamais ! répond la fière jeune fille. Vos dieux ne sont qu'idoles de pierre et de bois !

— Heu ! heu ! ricana le proconsul, le dieu Priape n'est pas de bois.

— Tu me fais horreur, riposta Dévote.

— Elle blasphème, s'écrie le proconsul, irrité ; et il lui fait casser les dents à coups de cailloux. Puis, jambes et poings liés, il ordonne qu'on la traîne sur des rocs aigus ; mais, tandis que son corps se déchirait et laissait des traces sanglantes, la jeune martyre accuse devant la foule avide, son bourreau d'avoir assassiné Enticus.

C'est alors que le Romain, de plus en plus furieux, la condamne à être attachée à la queue d'un cheval, qu'on lance, affolé, par les chemins rocheux.

Et le peuple atterré vit l'âme de la vierge s'échapper sous forme de colombe, et monter tout droit au ciel. La nuit même deux prêtres de Jésus, blottis dans une caverne, où ils attendaient des jours meilleurs, reçurent la visite d'un ange qui leur ordonna de transporter hors de l'île le corps de la jeune fille, que le proconsul destinait au bûcher. Les deux prêtres, aidés d'un matelot, nommé Gratien, s'emparèrent du corps, l'embaumèrent avec des fines herbes, le placèrent dans une barque, et firent voile pour l'Afrique.

Un vent contraire les poussa vers le Nord; la mer grossissait, la barque prenait eau, les prêtres priaient, et le marin, harassé de travailler seul, s'endort. Alors lui apparaît l'âme de la jeune vierge :

« Lève-toi, matelot, dit-elle. Le vent s'est apaisé, la mer calmée, ton esquif n'est plus battu par les vagues. Veille avec tes compagnons, et quand une colombe sortira de ma bouche, suis-la, et où elle s'arrêtera tu déposeras mon corps. »

Gratien s'éveille, secoue les prêtres, qui marmottaient toujours, ne mettant guère en pratique le précepte : « Aide-toi, le ciel t'aidera ».

« Assez d'*oremus*, il s'agit de veiller au grain, ou plutôt à la colombe. Ouvrez l'œil, et le bon !

On approchait de terre, et bientôt une petite colombe blanche sortit d'entre les lèvres tuméfiées de la pauvre Dévote. Elle s'éleva dans les airs et se dirigea vers un endroit appelé en grec Monosoïkos, en latin Singulare, en provençal Mounèque et en français Monaco. Après avoir tournoyé quelque temps, cherchant, sans doute, une bonne place, elle s'arrêta dans la vallée étroite des Gaumates. Le matelot Gratien et les deux prêtres y ensevelirent la martyre; et la preuve c'est qu'on y construisit une chapelle, qu'il est loisible à tous d'aller voir.

Cet événement arriva le seizième jour des calendes de février, c'est-à-dire le 27 janvier de notre ère.

Et voilà comme quoi sainte Dévote est la patronne de Monaco.

*
* *

En 1640, Honoré II, qui chassa les Espagnols de son rocher, pour le mettre sous le protectorat de la France, fit frapper des monnaies de billon, des florins gros et des patards dont le revers porte l'image de la sainte. En 1720, on retrouve le même type sur des monnaies de cuivre. Ce qui atteste l'estime dont elle jouit dans la population.

En Corse, la victime du féroce et cynique proconsul ne fut pas oubliée; son souvenir était même si vivace qu'en 1757, lorsque Paoli leva l'étendard de l'indépendance, il créa sous ses auspices un ordre de chevalerie.

Chevalier de Sainte-Dévote ! En ce temps de chasse aux décorations, voilà un titre qu'on devrait rétablir ; il stimulerait les hésitants, et encouragerait les tièdes en matière de foi. On verrait décupler le nombre des fidèles.

CHAPITRE XIV

A ROQUEBRUNE

Au delà des délicieuses villas de Monte-Carlo et de la frontière monégasque gardée par un poste platonique de carabiniers, l'on aperçoit sur les flancs de la montagne une large tache grise.

C'est l'antique bourgade de Roquebrune, accrochée au roc comme un nid d'aigle, vieux repaire de pirates sarrasins; Roquebrune, dont l'antique château, domaine des Lascaris, semble protéger encore les maisons entassées autour de ses imposantes ruines.

La bourgade coule lentement à la mer, disent les gens du pays, et finira, un siècle

ou l'autre, par y disparaître comme la cité
d'Ys, — dont les vieux Bretons entendent
encore les cloches sonner sous la profondeur
des flots, — mais la pieuse paroisse n'a rien
de commun avec la Sodome bretonne, car
l'image enluminée de la Vierge, encadrée en
belle niche à l'entrée du territoire, indique à
tout venant que les habitants se sont placés
sous sa sainte garde.

Posuerunt me custodem.

Ils prétendent qu'à la suite d'un glisse-
ment produit sur le versant de la montagne,
la bourgade descendit d'une trentaine de
pieds. Les cris de détresse de la population,
et les prières de M. le curé, touchèrent la
Dame du Ciel, qui accourut tout exprès du
haut de l'Empyrée, et, ainsi qu'on place une
pierre devant la roue d'un char, se hâta de
poser sur la pente rapide une racine de genêt
qui arrêta la fatale glissade. A ceux qui
doutent du prodige on montre encore le
miraculeux arbuste, qu'il vous est loisible,

comme pour la chapelle de sainte Dévote, d'aller voir.

A. Roquebrune j'assistais au mystère de la Passion.

Deux heures! Les rues tortueuses, étroites, coupées d'escaliers et de voûtes, se remplissent rapidement et sont déjà trop exiguës pour la foule qui s'y presse. De la terrasse aux assises romaines de la vieille bourgade on voit arriver les longues files de curieux. Il en descend par tous les sentiers de la montagne, il en grimpe par tous les escaliers de la côte, il en débouche des bois d'oliviers accrochés aux pentes et des vallées profondes qu'embaume l'oranger; il en vient par les routes poudreuses des blanches cités assises au bord des flots bleus, à pied, à cheval, à âne, à mule, sur de petits chars emportés par des chevaux à la jambe fine et coiffés de grands chapeaux de paille comme les bergers d'Arcadie.

On s'entasse, on se pousse. Les indigènes abandonnent aux étrangers l'artère princi-

pale, large de deux mètres à peine, et, refou-
lés chez eux, garnissent les fenêtres, les terrasses, les galeries hautes de leurs maisons
badigeonnées de fresques.

Par les minces coupures des lignes brisées
des toitures, resplendit l'indigo du ciel, et çà
et là, au coin d'un carrefour plus étroit
qu'une cour de cité ouvrière, le soleil coupe
l'ombre bleue d'une grande barre éclatante,
qui chauffe comme le fer sorti du laminoir.

De brunes jeunes filles aux yeux ardents
et vêtues du péplum romain traversent hâti-
vement la foule ; timides et un peu effarou-
chées sous les regards des étrangers et des
gens d'armes, elles font une trouée dans la
cohue.

*
*   *

Un coup de trompette éclate. Les bruyantes
conversations se taisent, et les regards se
fixent sur la maison municipale, dont la
porte s'ouvre à deux battants.

Et des marches de pierre descendent les
soldats romains, précédés par le centenier,
lance au poing, deux par deux; et à mesure
qu'ils descendent, le soleil plaque des étin-
celles sur l'acier et le cuivre des casques et
des glaives. Alors paraissent deux hommes à
face piteuse et patibulaire, tête et pieds nus,
vêtus de longues robes de toile rapiécées et
sales; ils ont la corde au cou et dégringolent
les huit ou dix marches, poussés par des
légionnaires.

Puis tous s'arrêtent au bas en attendant
Jésus.

Le voici! Une robe bleue le couvre, et sa
barbe roussâtre mêlée de fils blancs n'a pas
depuis plus de quinze jours connu le rasoir.
La moustache pend lamentablement sur la
lèvre supérieure. Il a les joues creuses, le
teint basané du prolétaire des champs, et
le nez enluminé de l'ivrogne.

Les mains croisées sur sa poitrine il
regarde béatement le ciel. Alors un petit
ange brun, frétillant et gentil à croquer,

du sexe féminin, lui présente un calice.

Le vin du pays qu'il contient ne paraît pas trop amer, car Jésus l'avale d'un trait, en connaisseur, faisant claquer sa langue.

Ce doux sacrifice accompli, deux soldats le lient et l'entraînent.

*
* *

Un autre paraît, aussi abruti que le premier, ayant en plus une couronne d'épines sur son front bas et ridé, d'où s'échappent de longues mèches semblables à du chanvre. Des gouttes de sang emprunté à la boucherie voisine coulent de ses tempes, se mêlent à sa sueur, ruissellent de chaque côté de sa face. Il ne peut s'essuyer ; ses mains attachées par une corde tiennent une tige de roseau.

Quelques vieilles croisent les doigts dans l'attitude de l'admiration ; d'autres tombent à genoux, murmurant des *oremus*.

— *Ecce homo!* crie un petit homme vêtu de noir et au visage terrible. Il brandit une canne grande comme un bâton de patriarche et dont il va sans doute se servir pour taper sur le pauvre monde.

Arrive un troisième Jésus ; celui-là, c'est le bon. Il a dû joliment être secoué et battu et flagellé, car il paraît fort ému et s'avance trébuchant. Sans égard pour son lamentable état, deux soldats romains le rudoient et le chargent avec colère d'une croix qui a dû servir aux suppliciés de Verrès, tant elle paraît vieille et vermoulue.

Chancelant sous le poids et sous le choc, il tombe le ventre à terre.

Le terrible petit homme noir, qui n'est autre que le maître d'école et l'ordonnateur, s'avance l'écume aux lèvres.

— Canaille ! s'écrie-t-il, encore saoûl ! tu déshonores Jérusalem !

Mais on aide l'homme à se relever, sans doute Simon de Cyrène, et une toute jeune fille, presque une enfant, très appétissante brunette, faisant le simulacre de moucher l'ivrogne, présente sur une toile la face de l'Homme-Dieu.

Suivent Caïphe, souverain sacrificateur; Ponce-Pilate qui ne se lasse pas de se laver les mains dans une cuvette que lui tend un soldat marchant à reculons; Joseph d'Arimathie, Nicodème. La foule, qui me paraît très versée dans les Evangiles, les nomme au fur et à mesure. Judas Iscariote l'infâme Judas, arrive ensuite, faisant sonner dans un sac de cuir les trente deniers, prix de sa trahison.

Accablé d'injures par ces âmes naïves qui prennent au sérieux la représentation, il cherche à se dissimuler dans le groupe des sacrificateurs et des scribes, mais les Pharisiens eux-mêmes le repoussent et les femmes lui crient : *Traditore! Traditore!* Quelques-unes lancent dans sa direction des jets de salive.

Seul Barabbas, le brigand politique, sacripan de fière allure, lui tape sur l'épaule et lui prend en riant le bras.

Est-ce une allusion? Et ces montagnards incultes prétendraient-ils insinuer que traîtres et politiciens sont compères et compagnons?

Un soldat romain porte la sainte tunique, et deux camarades qui le précèdent s'arrêtent tous les dix pas pour la jouer aux dés, ce qui ralentit considérablement la marche. Ils perdent, gagnent, jouent la belle, recommencent. La partie ne se terminera qu'au Calvaire.

Le long du chemin l'on entend des gémissements lamentables, des appels désespérés. Ce sont de hideux mendiants qui étalent leurs plaies et implorent la charité publique à coups de *Pater* et d'*Ave Maria*. C'est le rendez-vous de toute la truanderie de la côte : manchots, culs-de-jatte, aveugles, lépreux, épileptiques; toutes les misères physiques, toutes les gales, toutes les vermines. Les insectes courent sur les hardes et les vers sur les plaies.

Cependant le cortège avance. L'on sort de

la bourgade par la vieille poterne qui garde encore les traces des assauts des Sarrasins. Là se livrèrent jadis de grands coups d'épée ; ces vieux murs furent témoins de tueries épiques.

Le groupe des Saintes Femmes attend sous leur ombre, on voit les trois Maries, la mère de Jésus, de Jacques et de Joseph, Marie de Magdala la belle amoureuse, et la femme de Cléophas.

Elles me rappellent la ballade normande :

> C'étions les trois Maries
> Drès le matin levées
> Pour Jésus-Christ chercher,
> La Marie-Salomé,
> La Marie-Marthe aussi,
> La Marie-Magdeleine,
> Ne l'ayant point trouvé,
> A's sont mis's à plourer...

Mais celles-ci ne pleurent pas, elles relèvent leur voile et sourient aux beaux gars qui les regardent. La plupart de ces brunes filles du soleil sont charmantes, dans leurs atours bibliques, et quand elles se sont relevées après le passage des trois Christs, et qu'elles se sont placées modestement derrière les Pharisiens, une escorte de jeunes et de vieux envahit la queue du cortège pour marcher sur leurs talons.

En vain le suisse et le bedeau arrivent à la rescousse ; ils ne parviennent pas à empêcher ces gloutons de chair de dévorer en pensée — maigre repas — toutes ces belles filles parées du léger costume et des plantureux attraits de Sion.

Enfin, au bout d'une demi-heure, l'on atteint le Calvaire, et tandis que M. le Curé, revêtu de sa plus belle chasuble, récite ses prières dans la minuscule chapelle et bénit le peuple à genoux, les trois Christ, Ponce-Pilate, Judas, Barabbas, les sacrificateurs, les scribes et les soldats romains restés au dehors, se passent fraternellement des flacons de vin blanc.

Et l'on entend la voix du petit maître d'école rageur : « Salaud ! tu as assez bu ! Salaud! salaud! Te saoûler quand tu portes la croix! Salaud!

* *

Chaque année, la vieille bourgade détachée, avec Menton, de la principauté monégasque, célèbre ainsi, dans les premiers jours d'août, sa fête patronale.

— Un mystère venu en droite ligne des *Frères de la Passion.*

— Non, me dit M. le Curé, un vœu des habitants : il y a quelque deux ou trois siècles, la peste ravageait le pays. Les Roquebrunois, gens pieux, s'adressèrent à leur patronne, la Vierge. Elle écarta ce fléau, mais à la condition que, dans les années futures, on célébrerait le miraculeux anniversaire par une procession en mémoire de son Fils. Et depuis ce temps, les habitants se sont fait un devoir de tenir l'engagement de leurs pères. Vous autres Parisiens, vous pouvez trouver cette coutume un peu surannée et grotesque,

ajoute le bonhomme, mais que voulez-vous?
Ça amuse tout le monde et ça ne fait de mal
à personne.

Espérons qu'un jour toutes les religions
en arriveront là!...

CHAPITRE XV

COINS DE MONTAGNE

I

Proce Monaco, li a un beau païs,
Tegiou agréable, pechiou paradis,
Cu lou counouisse aima li veni,
E cu li es nai gli esta embe plesi.

Ce qui veut dire en langue d'oil qu' « il y a près de Monaco un beau pays, toujours agréable, petit paradis ; qui le connaît aime à y venir, et qui est né y reste avec plaisir ».

La chanson continue :

Le monde est affable, le climat est doux,
Les fillettes sont jolies, les garçons amoureux.

Il n'y manque pas d'eau, mais il y a du bon vin,
La tourte est en vogue aux jours de festin.

Le poète anonyme s'escrime ainsi très longtemps, en vers de mirliton, à décrire les séductions du sol natal, s'interrompant pour crier à chaque couplet :

Viva! viva Levens!

Car c'est de Levenzo, devenu Levens depuis l'annexion du comté de Nice, qu'il s'agit.

**

Ce ne fut cependant pas l'annonce des plaisirs paradisiaques promis par le poète du cru qui m'attira dans cette vieille bourgade de la montagne, mais le hasard, entre les mains duquel j'ai remis, dès ma tendre enfance, le soin de guider ma vie; et je dois avouer qu'il s'est toujours montré dieu bienveillant et paterne, plus sagace et plus puissant que tous les calculs savamment et péniblement élaborés qu'il démolissait en un clin d'œil.

Un coche, un de ces vieux coches de jadis, non la majestueuse diligence *Laffitte et Gaillard*, qui, du Nord au Midi, véhicula nos pères — mais une patache poudreuse, détraquée, aux essieux grinçants, coiffée d'une bâche de toile tachée et rapiécée comme une cape de pauvresse, attelée de trois haridelles couvertes de harnais raboutés de ficelles, et conduite par un cocher en blouse bleue, huché sur une dangereuse banquette sans tablier, au tremplin vermoulu, roulait au petit trot et à grand bruit de grelots et de ferrailles.

En quel pays, béni de Dieu et inconnu de l'insupportable troupeau des touristes charriés par l'*Agence Cook*, pouvait courir ce véhicule d'antan?

Il était si picaresque, si démodé, il détonnait si étrangement au milieu des riches attelages niçois et montecarliens, que l'envie me prit subitement de visiter la contrée ignorée, éloignée de toute civilisation, où il allait décharger ses voyageurs primitifs, insoucieux du moderne confort.

Une place restait vide sur la banquette, et je me hissais à côté du cocher.

* * *

Quand nous eûmes laissé loin les dernières maisons du faubourg et quitté les rives pierreuses et altérées du Paillon pour nous enfoncer dans la montagne, je me demandais où le coche allait me conduire.

— Tiens, au fait! cocher, où allons-nous?

Il m'examina d'un œil assez effaré, et, pour toute réponse, fouetta ses haridelles.

Nous passions justement devant de grands bâtiments aux fenêtres grillées. De ma banquette j'apercevais, par-dessus les murs d'enceinte, un préau également couvert de grilles; derrière s'agitaient de bizarres silhouettes.

— Les fous! me dit-il.

Peut-être eut-il un moment l'idée d'arrêter et de me descendre à la porte. Ce brave homme, habitué à parcourir trois cent soixante-cinq fois par an la même route, ignorait évidemment le plaisir de se laisser aller à l'aventure des chemins nouveaux et les joies de l'imprévu.

Cependant, à une seconde question, il se décida :

— Nous allons à Levens.

— La patrie de Masséna?

— Sûr que ce n'est pas Nice[1] !

Puis il ajouta fièrement : « Nous sommes parents de Masséna, nous autres. Je m'appelle Masséna aussi, moi ! Vous n'avez pas vu mon nom? Il est peint sur la voiture? »

---

1. On nous montre à Levens la maison où est né Masséna, vieille masure en une étroite ruelle, et habitée par de pauvres gens. Deux portes au rez-de-chaussée et deux fenêtres au-dessus. Une boule de pierre surmontée d'une croix est sculptée au fronton de la porte principale, séparée de la chaussée par quelques marches. Au-dessous, la date 1722. Le nom de Masséna, très commun dans l'arrondissement de Nice, détruit l'affirmation de Disraeli qui, dans son roman *Coningsby*, prétend que le véritable nom du duc de Rivoli était Manasseh.

Et il me raconta qu'il était copropriétaire du coche avec un confrère, son concurrent jadis. Mais les affaires allaient si mal et les voyageurs se faisaient si rares qu'ils s'étaient arrangés à n'avoir plus qu'une voiture. « Souvent nous partons et revenons vides. Hier, j'ai fait dix sous. »

Pendant six lieues la route va montant, traversant des gorges, côtoyant des précipices par des paysages tantôt agrestes et riants comme des cadres d'idylle, tantôt déserts et sauvages, rappelant à la fois le Guipuscoa et la Kabylie. Ici, au sommet de rochers à pic, se dresse le clocher d'un vieux couvent; plus loin, c'est une bourgade dont les masures entassées semblent crouler au-dessus de l'abîme. D'autres fois, elles sont entourées d'une ceinture de vignes, d'oliviers, de figuiers en terrasses laborieusement superposées. Des chemins à escaliers y conduisent, et d'autres, rocailleux, tortueux, ravinés, que gravissent d'un pied sûr des mules, des ânes chargés de barillets d'eau ou de vin, ou encore de branches de pins destinées à la litière. Un gars de fière mine les excite, ou bien une jeune fille au large chapeau de paille et aux jambes nues qui, tout en marchant, tricote des bas, luxe du dimanche, suivie par un mouton comme une bergère de Florian.

Nous avons laissé Saint-André, Tourette, Saint-Clair, et là-bas, devant nous, plaquée sur un fond de déchiquetures bleues, surgit Levens, dans les vapeurs dorées du couchant.

Le vieux fief des Grimaldi couvre de ses grises bâtisses la crête d'un rocher aux flancs rayés de jardins, et entouré de sommets alpins. Un débris de tour sarrasine le domine, et les vignes verdoient parmi les ruines des murailles écroulées. Çà et là, une meurtrière décoiffée, un angle de bastion, un coin de poterne témoigne du passé troublé de la paisible bourgade.

A un kilomètre environ, une auberge, postée au bord de la route, porte le nom pompeux d'*Hôtel des Étrangers*. Le coche s'arrête. Événement extraordinaire qui fait accourir tout le personnel sous les armes, c'est-à-dire serviette au poing : patron, matrone, servante. Sur le seuil de l'écurie, un palefrenier se présente effaré. Cet empressement ne me dit rien qui vaille, et malgré les affirmations du petit-neveu de Masséna, qui, comptant, sans doute, sur sa remise par tête de victime, affirme avec des gestes désordonnés et les serments les plus extravagants qu'il n'existe en *ville* ni hôtel ni auberge, et que je me verrais obligé de revenir sur mes pas, je refuse de descendre, et la patache se remet en route, suivie des regards désappointés de l'hôtelier et de son monde qui voient échapper une proie d'autant précieuse qu'elle est plus rare.

*　*　*

Vingt minutes de rude montée, et nous voici en ville, débouchant sur une place, —

car c'en est bien une, il n'y a pas à s'y tromper, et, pour qu'il ne subsiste le plus léger doute, la Municipalité a fait écrire en énormes caractères le mot *Place* à l'un de ses coins. Le principal monument est un bâtiment qui aurait assez bon air si la plupart des fenêtres n'étaient privées de leurs vitres; plusieurs même sont sans châssis, et ornées de carcasses de volets, dont quelques-uns pendent piteusement sur leurs gonds. En maints endroits, les corniches de la toiture sont détachées, découvrant les solives noires; des crevasses mal replâtrées lézardent la façade, des combles au rez-de-chaussée. C'est l'hôtel de ville, dont les cicatrices du dernier tremblement de terre n'ont pas encore été pansées.

*   *

Devant cette lamentable maison communale, on décharge voyageurs et paquets. La place sert de cour de messageries. Le maître du coche, que j'avais cru soudoyé, ne m'a pas menti. Nulle trace de gîte, ni de table pour des explorateurs affamés.

Face à la mairie, un édifice de construction baroque porte comme enseigne :

O CRUX, AVE SPES UNICA

Mon espoir unique serait de dîner. C'est la chapelle des *Pénitents blancs*. Un peu plus loin, celle des *Pénitents noirs* : *Ave Maria!*

Combien je préférerais lire :

AU CHEVAL BLANC

ON LOGE A PIED ET A CHEVAL

* * *

Rien, pas même la simple *venta* des pauvres hameaux des Castilles, la *venta* où l'on cuit soi-même sa ratatouille au feu commun, et où, à défaut de table, on trouve au moins un banc; à défaut de lit, un coin où l'on s'allonge entre un muletier et un torero, une maritorne et une bourrique, — enfin où l'on est à l'abri.

Masséna ayant dételé, partait goguegnard, riant de mon embarras, vengé de mes refus, emmenant ses chevaux, laissant le coche à la charge des étoiles qui commençaient à s'allumer vers l'Orient, seuls réverbères, d'ailleurs, de la localité, et moi, au grand ébahissement des indigènes qui, sur le pas des portes, se demandaient ce que voulait ce débarqué inconnu.

J'avais débuté par rire, et trouver l'aventure drôlette; mais je finissais par la trouver mauvaise, car je n'eus jamais consenti à descendre à l'auberge de la route, où, indépendamment de l'humiliation, j'eusse été écorché vif. Mes compagnons de voyage, campagnardes et petits bourgeois, avaient pris, munis de leurs paniers ou de leurs paquets, la direction de leurs domiciles, et je restais isolé sur la place, Et, en ce moment, comme pour me narguer, une voix joyeuse s'éleva :

Proce Monaco, li a beau païs,
Tegiou agréable, pechiou paradis,
Cu lou counouisse aima li veni,
E cu li es nai gli esta embe plesi.

II

L'arrivée d'étrangers dans ces villages bas-alpins est toujours un événement. « Que viennent faire ces gens? » se demandent les indigènes. Les rares touristes qui passent ne s'écartent guère de la vallée du Var, qu'ils remontent en diligence jusqu'à Puget-Théniers.

Cette vallée est, elle-même, une merveille, un incomparable panorama déroulé sous l'œil ravi. La Suisse n'offre rien de pareil à la sauvage grandeur de ces tableaux.

A *Saint-Martin-du-Var*, soit au lever, soit au coucher du soleil, le spectacle des gorges profondes, des *clus* formidables où s'enfoncent l'Esteron, le Var et la Vésubie, avec les sommets déchiquetés des monts granitiques, leurs flancs tantôt dénudés, tantôt tachés de bois de pins ou de mélèzes, rayés de la ligne grisâtre des torrents à sec, ou bien couverts de verdoyantes terrasses en gradins, tout ce décor, et surtout l'aspect étrange et inattendu de vingt bourgades perchées comme les nids d'aigle sur la crête aigue des rocs, frappent le voyageur de surprise et d'admiration.

Mais de voyageurs, je le répète, il n'en est guère. A Levens, avant la bicyclette et l'automobile, on n'en voyait pas deux par an, bien que la campagne avoisinante, sa situation au confluent du Var et de la Vésubie, sa proximité de Nice et de Monaco, et son aspect pittoresque, fussent de nature à les attirer. Quant à ceux qui vont de Nice à Saint-Martin-Lantosque, et qui pourraient s'y arrêter, charmés de la beauté des sites, ils ne passent qu'à une heure du matin.

22.

Par une singulière façon de comprendre les voyages, la diligence, qui traverse les plus grandioses passages des Alpes Maritimes, ne roule que de nuit, coutume d'ailleurs assez générale dans le Midi, et qu'on ne peut attribuer qu'à la terreur du soleil qu'éprouvent tous les Méridionaux.

* *

L'absence du voyageur explique donc suffisamment l'absence d'hôtellerie dans un bourg de deux mille âmes. Heureusement, M. le curé me tira d'embarras. Il était accouru, comme les autres, sur la *Place*, étonné de l'arrivée d'un individu étranger au pays. « Un espion, peut-être; qui sait? » M. le curé est encore le souverain dans ces bourgades dévotes et ultra-catholiques, et sa soutane usée est plus respectée que la belle écharpe de M. le maire.

Généralement bon diable, assez tolérant, ne crachant pas sur les friands morceaux, s'attablant volontiers à la porte du cabaret, grillant des cigarettes, batifolant avec les garçons et les filles, qu'il tutoie et appelle par leur petit nom, tel il m'a paru dans toutes ces montagnes, tel je l'ai vu le long de la *Riviera* et dans les provinces d'Espagne.

* * *

— Aussi, vous pensez si je soulève mon chapeau quand je rencontre une soutane, comme marque de haute considération, et aussi un peu pour ne pas me faire lapider par les naturels de l'endroit.

Lui ayant expliqué mon embarras, touché de ma politesse, et flatté que je me sois adressé à lui de préférence au notaire, au juge de paix et aux employés de la régie, accourus également sur la place — car l'arrivée et le départ du coche sont l'unique distraction du pays — le curé de Levens, que l'on appelle ici : « le Chanoine », avisa dans la foule un petit vieux bonhomme à mine de furet :

— Hé ! sacristain, dit-il, *vena qui*.

Il lui parla longuement en patois, et je compris qu'il m'envoyait, avec sa recommandation, à quelque gros bonnet de l'endroit, qui ne tient pas précisément une auberge, mais qui consent à héberger, pour de l'argent, les « personnes de distinction ».

Me voici donc en route, guidé par le sacristain, et précédé d'une avant-garde de polissons des deux sexes, tandis que le gros de la troupe me suit en se bousculant.

Trois ou quatre sonnaient, dans leur poing, une fanfare militaire, et un tout petit avait couru chercher un tambour.

J'escalade des ruelles raboteuses, défoncées, cailloutées de pierres inégales, comme le lit d'un torrent, rentrant brusquement sous les portes pour ne pas être renversé par le passage subit d'un mulet, dont la charge débordante barre toute la ruelle, franchissant des ruisselets qui roulent en cascadant sur le chemin formant, çà et là, dans de profondes ornières, de désagréables petits lacs.

Des formes silencieuses, assises immobiles sur les escaliers de pierre brute qui forment le seuil des portes, me regardent passer, et me saluent d'un bonsoir.

Chemin faisant, le sacristain me raconte, hochant la tête et roulant des yeux énormes, que je me trouverai comme coq en pâte, chez Jean Micellis : « Il a logé, l'an passé, une marquise.

— Ah ! vraiment ?

— Si, si. Une marquise et une bonne.

— La marquise de Carabas ?

— Ce n'est pas ce nom-là ; j'ai oublié. Mais elle donnait toujours vingt sous, le dimanche, à la quête.

— Ah ! diable !

— C'est comme je vous le dis.

— Eh bien, je ne suis pas un marquis.

— Oh ! chacun selon ses moyens. »

* *

Enfin, au bout d'une venelle à escalier, parfumée de lavande, sur le perron d'une maison blanche que couvre en partie un cep centenaire, surgit, fraîche apparition, une très jolie fille de quinze à seize ans, avec une tresse de cheveux noirs longue de plus d'un mètre et de l'épaisseur d'un câble. Elle regarde, ébahie, monter cette cohue, étalant entre ses lèvres de grenade mûre la ligne de ses blanches dents.

« C'est Phina, dit le sacristain, la fille à Micellis »... Eh! Phina! voilà un monsieur de Nice que le Chanoine vous envoie. »

Pour les montagnards des Alpes-Maritimes, tous les étrangers sont de Nice.

Un superbe gaillard, à barbe noire mêlée de quelques fils argentés, sort de la maison et retire poliment son chapeau de feutre, pour me souhaiter la bienvenue. C'est un ancien garibaldien, qui connaît les belles manières. Il a même été blessé en 1870, ce qui valut la croix à son capitaine. Maintenant, il distille la lavande, siège au conseil municipal, et possède la plus jolie fllle et la plus belle treille du pays.

Si cette treille ne mesure pas dix mille pieds carrés, comme la célèbre et vénérable vigne de la mission espagnole de la côte du Pacifique, elle en a plus de trois cents, ce qui est une belle longueur pour une tonnelle étagée sur un rocher.

Ah! les joyeux repas sous cette voûte verdoyante, d'où pend une telle profusion de grappes qu'on les croirait accrochées pour le plaisir des yeux! Les plantureux repas provençaux, servis pas la brune Phina, et arrosés du jus muscat de la treille paternelle!

Au travers du feuillage des coursons touffus, par où le divin soleil plaque dans l'ombre bleue de brillantes arabesques, la vue, glissant par-dessus les jardins étagés jusqu'au bas du mamelon, s'étend sur les montagnes voisines, aux flancs rudes et ravinés, sur les bouquets d'oliviers au vert tendre, celui plus sombre des mélèzes et des pins, sur les sillons dorés des vignes qui s'alignent jusque là-bas, là-bas, à la grande cassure des roches géantes qui, des profondes gorges de la Vésubie, dressent leurs pics aigus dans l'azur immaculé du ciel.

Qu'il fait bon vivre dans ce coin ignoré, loin des inquiétudes, des soucis et du tumulte ! Devant cette sauvage et puissante nature, dans les silences majestueux des midis étincelants, et des nuits étoilées, pointent doucement l'apaisement et l'oubli. L'oubli, l'oubli de tout, et que le passé entier croule ! Les liens qui vous rattachent au monde où l'on s'agite puérilement, où l'on se débat dans la lutte stérile et vaine, semblent s'étendre, s'allonger, devenir si menus qu'on ne les sent plus. On n'éprouve que la joie d'être, de s'écouter vivre, abandonnant au vent de la montagne ses regrets et ses haines.

L'on se sent devenir meilleur et l'on répé-
terait volontiers avec l'Homère persan :
*Ne fais pas de mal à une fourmi qui traîne
un grain de blé, car elle a une vie et la douce
vie est un bien.*

*   *
*

Venu avec l'intention de repartir le lendemain, je restai plus d'un mois dans ces
montagnes, errant par les sentiers raboteux,
me grisant d'air et de soleil.

Est-ce parce que j'ai habité pendant de
longues années sous les ciels grisâtres, que
mes désirs sont constamment tournés vers la
patrie de Mignon, comme les regards d'un
amoureux vers le visage de sa bien-aimée?
Quand je dis « patrie de Mignon » ce n'est
pas seulement vers l'Italie, ni les riantes
villes qui ornent comme une guirlande de
perles la côte baignée par des flots bleus,
que volent mes rêves, mais j'y comprends
notre belle Provence, aussi admirable que

la merveilleuse Riviera si justement chantée, la Provence, qui n'est pas un des moins riches joyaux de l'écrin de la Côte d'Azur; j'entends les jardins des Hespérides, où les fruits d'or pointent toute l'année à travers le vert éternel du feuillage, les terres bénies, enfin,

> ... où fleurit l'oranger.

« Terre miroir du printemps, s'écriait saint Bernard, qui, comme les perles d'ambre, attire ce qui en approche, et provoque les caresses du soleil ! »

Aussi, qu'il gèle à fendre des cœurs de sectaires et de maltôtiers, ou que les chaleurs caniculaires fassent haleter les buveurs de bière attablés sous les bannes des brasseries, vers le Midi chevauchent mes espérances; comme Mignon, c'est là que je voudrais vivre et mourir.

Du soleil ! du soleil ! Il n'en est jamais trop, dans les sombres tristesses sublunaires, et, le matin, avant que la bourgade s'éveille,

du sommet crénelé du mont Feriou, j'ai bien
souvent salué le lever du dieu.

III

Du sommet du Feriou la vue domine une
partie des Alpes Maritimes. De tous côtés,
un hérissement de cônes, de pyramides, de
pics. On dirait d'une mer des époques dilu-
viennes, dont les vagues monstrueuses, soulevées par mille cyclones, se seraient pétri-
fiées tout à coup, pour éterniser le souvenir
de l'effroyable cataclysme. Les pointes succèdent aux pointes, les crêtes aux crêtes,
dans les enchaînements continus et réguliers,
qui vont s'éteindre dans les arêtes flottantes
de l'horizon.

Vers le soir, tout s'enveloppe d'un limbe
irisé et phosphorescent ; après les tons
chauds et roux des premiers plans s'étendent des diaprures azurées ; chaque ligne
sinueuse conserve sa lumière propre, qui

diffère de la ligne suivante tout en se fondant dans la même buée d'or.

Du côté du Sud, les cimes s'abaissent, quelques-unes en pentes douces, d'autres taillées brusquement sur la mer.

La « Grande Bleue » perd à cette heure crépusculaire ses tons d'indigo pour se couvrir d'une plaque uniforme d'argent mat, coupant l'horizon jaune ; d'autres fois, elle se fond dans les blanches vapeurs du ciel. Alors, la pointe d'Antibes, les îles de Lérins aux teintes ardoisées, semblent flotter dans l'espace.

Plus près, à travers les échancrures des monts, paraît un coin du Var, avec ses minces filets liquides, qui tracent en zigzaguant leur voie par les galets et les sables. Et, çà et là, sur la pointe aiguë d'un rocher pyramidal, une vieille bourgade, couleur grisaille, surgit entre ses murailles et ses tours éventrées ; ou bien, dans une touffe de verdure se dresse un clocher tout blanc, carré et grêle, au dôme de briques émaillées et luisantes, semblable aux minarets de l'Orient.

* * *

Un village, accroché au flanc de la montagne à mi-distance des crêtes et de son pied rocailleux rongé par le torrent, s'étage en face de moi. Une douzaine de maisons groupées autour de l'église en forment le noyau; les autres s'éparpillent au hasard du terrain. Un sentier de mulet serpente sur le flanc opposé, jusqu'à l'abîme. Il coupe à gué la Vésubie, et remonte le versant abrupt; c'est le seul chemin. Pas d'auberge. Un simple cabaret qui, le dimanche, s'emplit de consommateurs, en même temps épicerie, mercerie, boulangerie, est l'unique boutique.

Six heures du soir. Des mules chargées de fougères, de branches de bois mort, ou de barils d'eau emplis à une lointaine cascade, gravissent, une à une, le sentier, escortées de chèvres. Gens et bêtes rentrent au gîte. L'ombre et le silence s'étendent peu à peu. Dans ce hameau encaissé, le soleil se couche tôt et les habitants suivent le soleil.

Une fenêtre est encore éclairée, celle du cabaret. J'entre. La famille est à table. Une jeune fille, jambes et pieds nus, remplit les profondes écuelles d'une soupe aux senteurs appétissantes. Ils sont quatre : le père, la mère, un garçonnet d'aspect sauvage, et une fillette de sept à huit ans, à la mine éveillée. Ces gens sont hospitaliers et affables. J'ai demandé une bouteille de vin ; on m'invite à partager la soupe et la fille m'en sert une écuellée : avec quelques figues sèches, c'est tout le festin. On vit de rien dans ces montagnes. Du pain, une soupe aux légumes, des olives, des figues, un morceau de fromage de chèvre ; ce menu, de la semaine, ne varie pas. Le dimanche, ils font la fête avec une tranche de lard, une pièce de bouc. La plupart, au milieu de ces vignes, ne boivent que de l'eau. Est-ce misère? Beaucoup sont relativement à l'aise. Avarice? Pas davantage; car le paysan du Midi n'a pas l'âpreté au gain de celui du Nord; il n'a non plus ni ses gros appétits ni ses soifs.

En mon honneur, cependant, on ouvre une boîte de sardines. Il y avait, par hasard, deux bouteilles de vin d'Asti, je voulus en régaler mes hôtes. Mais le père seul me tint tête, avec la fillette, qui en but bravement deux petites coupes. On la laissa faire en riant.

Elle est vive et gentille, et ses grands yeux brillent d'intelligence.

Je la prends sur mes genoux.

« Sais-tu lire?

— Pas encore, répond sa sœur aînée, mais elle saura vite, car elle apprend tout ce qu'elle veut.

— Oh! s'exclame la mère, elle ne sait pas lire, parce que nous n'avons pas d'école ici; il faut aller dans l'autre village, là-bas, là-bas, tout en haut de la montagne; mais elle est déjà savante. Voyons, Pechioula, montre ce que tu sais au Monsieur. Allons, n'aies pas crainte. »

Et l'enfant commença :

« *Notre Père, qui êtes aux cieux...* »

— Mais, n'as-tu pas appris autre chose? lui demandai-je, quand elle eut fini son *Pater*.

— Oh! que si, affirma la maman; elle en sait long. Va, Pechioula, dis encore :

— « *Je vous salue, Marie, pleine de grâces...* »

Et, quand elle eut terminé, très fière, la grande sœur ajouta :

« Elle sait aussi son *Credo* et son *Confiteor*.

— Je te crois, dit la mère, elle récite les Vêpres en latin. Commence un peu, Pechioula.

— Je m'en rapporte à vous, dis-je à la bonne femme, voyant que la gamine se préparait à obéir.

— Oh! répliqua la matrone, M. le curé

l'aime bien. Il nous a promis, quand elle serait plus grande, de lui donner une belle éducation.

* *
*

Les plaisirs dominicaux manquent de variété, mais du peu qu'ils ont, les indigènes se contentent. Rien en dehors du cabaret et du traditionnel jeu de boules. La lecture est à peu près inconnue et c'est rarement que l'on trouve un journal sur une table d'auberge.

Ah! ce n'est pas dans ces profondes vallées ni sur ces sommets abrupts que les scandales du Panama ni les colères soulevées par la néfaste *affaire* ont excité des controverses. On y naît, on y vit, on y meurt dans une dédaigneuse ignorance des choses qui se passent au delà.

Quant aux jeunes filles, bien attifées et proprettes, elles vont, après vêpres, se promener sur la route, jacassant bruyamment et cherchant à attirer l'attention des garçons par des poussées et des rires. Quelques-unes attendent leur amoureux, qu'on appelle le *calinier*. On se dit bonjour en passant, on échange des plaisanteries au gros sel, mais les groupes n'osent s'arrêter et chacun à regret continue son chemin.

Dans aucun de ces villages, je n'ai vu d'amants allant deux par deux, doucement entrelacés, perdus dans l'extase ou murmurant l'éternel et délicieux hymne.

Tout au contraire, il semble qu'il y ait un sévère règlement qui sépare les garçons des filles. Chaque sexe à part, comme dans les campagnes corses ou grecques. Si, parfois, un jeune homme se mêle à une compagnie de bachelettes, c'est qu'une parente, une sœur, y autorise sa présence, mais il ne donne le bras à aucune ; il marche à côté, à un pas de distance, comme gêné et honteux du *qu'en dira-t-on ?*

Je demandais à Phina pourquoi elle n'allait pas le dimanche se promener avec son *calinier*. Elle fut toute surprise et presque choquée de ma question : « Ce ne serait pas à faire, répliqua-t-elle, si les filles allaient avec les garçons. »

Li filleta belli, les giouve amouroux

dit cependant la chanson. Mais, si les jouvenceaux sont amoureux, il ne leur est pas permis de le montrer en public.

Voilà des coutumes assez étranges qui étonneraient fort notre *ami* John Bull et feraient bien rire, surtout, les petites Anglaises qui n'attendent la permission de personne pour s'afficher avec un *sweetheart*, ou qui, après quelques absences passées à la « chasse au mari », reviennent tout à coup au domicile familial, tenant par la main le jeune homme de leurs rêves, en disant à la mère légitimement surprise : « Maman, permettez-moi de vous présenter mon fiancé. »

Une seule fois par an, le *calinier* est autorisé à offrir le bras à sa *calinière*; c'est au jour de la fête appelée ici *le Festin*.

> *La foula es nombreuse, confuse lou brui;*
> *L'aria retentisse dai ki ri ki ki;*
> *Lou bras de li filla si pia embe respect.*
> *Et giammai lou giouve si rende indiscret.*

Ce qui signifie en bon français : « La foule est nombreuse et le bruit confus; l'air retentit de cris de joie; le bras de la jeune fille se plie avec respect, et jamais jeune homme ne se rend indiscret ».

Brave jeune homme! Les mœurs de l'âge d'or!

*   *
*

Il existe dans plusieurs de ces bourgades un curieux usage : à la fête patronale, fête célébrée au son du fifre et du tambourin, filles et garçons se tiennent par la main pour sauter *lou bouteou*.

Le *bouteou* (boutol) n'est pas une danse, comme on pourrait le croire, mais une pierre, ou, plutôt, un tronçon de colonne enfoncé sur la place du château qui domine

la bourgade, et autour duquel un hallebar-
dier, portant le costume de jadis, conduit la
farandole. Il saute le premier, et, couple
par couple, jeunes, vieux, enfants, toute la
bourgade enfin, le suit. Cette pierre servait,
autrefois, de pilori pour les infortunés serfs.

Ces gambades par-dessus la sinistre pierre
commémorent à la fois le servage des aïeux,
et leur affranchissement.

* * *

Nous avons vu comme, pour ces populations paisibles, les joies du dimanche, à
l'usage de la jeunesse, étaient aussi simples
que pures et peu variées ; pour les vieux, elles
m'ont paru lamentables. Dans les bourgades
aux ruelles sombres, bordées de hautes murailles ou de maisons décrépites et lézardées,
empuanties par l'absence de drainage, ils passent l'entre-temps des offices assis sur l'escalier de leurs portes. Adossés au mur, ou
affaissés sur eux-mêmes, les mains sur les

genoux, sans parole, peut-être sans pensée, ils jouissent du repos. Prolétaires campagnards, fils de serfs et restés misérables et serfs, malgré la destruction du château des Grimaldi, ils ne connaissent de plus grand plaisir que cet annihilement physique et moral. Écrasés sous le poids du lourd passé de misère et de dur labeur qui pesa sur leur race, ils semblent heureux, suivant le mot de Luther, parce qu'ils reposent : *Beati quia requiescunt.*

Parfois, une bruyante et loquace commère jette la note gaie dans cette tristesse, et réveille ces somnolents. Elle interpelle un camarade mâle ou femelle, lâchant quelque gaudriole qui fait ouvrir la bouche des vieux, épanouis en un rire silencieux. C'est épicé et raide, en langue provençale qui, comme le latin, brave l'honnêteté. Les jouvencelles se cachent la figure de leur éventail — le dimanche, toutes manient l'éventail, même à l'église, — pour laisser croire qu'elles ont rougi, et les gars de s'esclaffer.

A une fenêtre se montre une maugrabrine avec deux bouts de concombre collés de chaque côté du front, ce qui lui donne l'aspect d'une sorte de faunesse. J'en ai rencontré plusieurs ornées ainsi de cornes postiches. Il paraît que c'est souverain contre la migraine, et ça dispense de l'eau sédative. Heureuses gens, qui se passent du droguiste !

* * *

Comme en d'autres endroits les enfants jouent au soldat, ils jouent au curé dans ces coins reculés de montagne. La tradition religieuse y remplace l'esprit guerrier du Nord et la douceur de la vie éteint l'antique furie de lutte. Ce n'est plus un drapeau, qu'escortent des gamins en battant du tambour : c'est une bannière, qu'ils suivent en psalmodiant des chants d'église, avec des baguettes en guise de cierges.

Rien de plus drôle que ces mascarades, dont je fus un dimanche témoin dans une bourgade haut perchée sur une cime, et auxquelles prenaient part fillettes et garçonnets; mais je doute que M. le curé eût trouvé la représentation de son goût.

CHAPITRE XVI

COINS DE RIVAGE

I

Par une splendide matinée, je roule sur San Remo au galop de deux chevaux, comiquement coiffés de grands chapeaux de paille d'où se dressent par deux orifices leurs oreilles : le soleil de mars est déjà suffisamment chaud pour que les automédons croient prudent d'en préserver leurs criquets.

En la Riviera, aux bêtes comme aux gens, le sang monte vite à la tête, et par ces routes bordées de précipices, jugez des surprises

24.

réservées aux touristes entraînés par des bidets subitement frappés de folie!

Le hasard des rencontres et des faciles liaisons de voyage m'ont procuré la compagnie d'un capitaine de *Cavalleggirie* et d'une jeune fille d'Albion, beauté aux lignes correctes, lauréate de l'Université de Cambridge qui — ô horreur! — a déjà commis deux romans vertueux et évangéliques! Malgré cela, pas trop collet monté, et flirtant cavalièrement avec l'aimable aisance de ses compatriotes.

Avant de regagner le voisinage de Regent's Park, elle veut voir la villa *Zirio* où agonisa l'empereur d'Allemagne, car les Anglais trouvent un intérêt tout particulier à contempler un mur derrière lequel s'est passé un drame ou un toit qui abrita quelque grand de la terre!.

* *

Quel spectacle radieux !

Du val du Borrigo, de celui de Carréi, enguirlandés de fleurs, de citrons et de verdure, s'élancent les cimes déchiquetées et neigeuses du Castelar. Cette neige et ces fruits d'or piqués dans le vert font un étrange et délicieux contraste. Nulle part dans la Riviera, même à San Remo, et en aucun autre point de l'Europe, le citron n'atteint une perfection semblable, preuve de la douceur du climat, car, plus délicat que l'oranger, qui supporte les gelées légères, un seul degré de froid suffit pour tuer le citronnier et trois ou quatre au plus détruisent en entier l'arbuste.

* *

Nous entrons au galop dans *Mentone*, que les contreforts de Vintimille et de Bordighera

abritent de tous les vents du nord, *Mentone*
dont on a changé le nom, si doux en italien,
en celui ridicule de Menton.

La lumière! Elle darde sous le soleil du
Midi, dorant les maisons fraîchement pein-
tes, inondant les places et les carrefours,
éclairant les visages, boutant la joie au cœur
de tous les pauvres diables exilés l'année
durant dans les tristes froidures du Nord,
jetant une pluie d'or sur la ville.

En 1887, j'y passais à pareille époque. Le
tremblement de terre en avait fait une cité
en ruine; on eût dit qu'elle venait de subir
un long bombardement. Partout des écha-
faudages; les maçons seuls l'habitaient.

Ici, un étage effondré, là une maison écroulée en un tas. A côté, un pan de mur chancelant, un balcon qui a entraîné dans sa chute
la moitié de la fenêtre, et une cheminée les
trois quarts du toit; une villa est fendue du
rez-de-chaussée aux combles, comme un
arbre où l'on a enfoncé un coin. Les moins
éprouvées étalaient de larges lézardes. Et

ainsi sur toute la Côte d'Azur. De Ventimi-glia aux portes de Gênes, la plupart des habitants campaient ou logeaient dans des baraquements.

Le vieux quartier de Menton surtout avait souffert. Les rues n'offraient qu'un amas de décombres ; les deux plus anciennes églises, Saint-Michel et les Pénitents-Blancs, par les ouvertures béantes des toitures laissaient voir une échappée du ciel, ce qui pour les âmes dévotes est toujours une consolation.

* *
*

A une demi-lieue de Menton, le pont Saint-Louis, jeté à 200 pieds au-dessus d'une cassure du roc, marque la frontière. Fait d'une seule arche, il porte la date de 1861, année de l'annexion. Déjà, depuis mars 1848, Menton et Roquebrune s'étaient détachées de la principauté de Monaco, pendant le règne de Florestan, et déclarées villes libres sous le protectorat de la Sardaigne.

Déux baraques en bois, postes des douaniers de chaque pays, flanquent le pont à ses extrémités. Séparés par sa seule longueur, je suppose qu'à certains jours orageux où souffle le vent des discordes nationales, ces paisibles soldats du fisc doivent se regarder en chiens de faïence. Vive la France ! *Viva l'Italia !* Du milieu du pont, la gorge de Saint-Louis offre un imposant spectacle. Les rochers, ours géants, s'élèvent à plusieurs centaines de pieds, tandis qu'au-dessous, au fond de l'abîme, un torrent tombe en cascade de la montagne et va se précipiter dans la mer, dont les teintes varient du vert le plus pâle au plus pur indigo.

L'endroit est, par les belles nuits, un but de promenade pour les habitants de la côte, et rien n'égale, sous le clair de lune, la magnificence et l'étrangeté du décor.

A un mille environ du pont, nous arrivons à un bâtiment à arcades, au bord d'une plateforme sur la pointe du rocher. Le panorama se déroule merveilleux : à gauche, au premier plan, le vieux port de Menton, puis, derrière, Roquebrune, Monte-Carlo, Monaco, la pointe Saint-Jean, qui cache Villefranche, et à droite, devant nous, Bordighera, la ville aux palmiers !

Le drapeau italien et l'écusson royal ornent la façade de la caserne, et cinq ou six soldats, habillés de bleu et passementés de jaune, nous font signe d'arrêter. C'est la douane. Il faut payer, pour passer outre, cent quarante francs pour la voiture. Miss Dolly se récrie et s'indigne ; on lui fait comprendre qu'on nous rendra l'argent au retour, moins un pour cent de frais de bureau. La présence du capitaine de *cavaleggieri* empêche MM. les gabelous de fouiller nos poches, mais ils s'emparent, malgré les protestations de Miss Dolly, du bouquet de roses de son corsage, et devant celle-ci, stupéfaite, en détachent soigneusement les feuilles. Puis le sergent le lui rend galamment en lui expliquant que c'est l'ordre à cause de la *maladia*. Quelle *maladia*? Le phylloxera, sans doute; mais l'irascible Anglaise le lui rejette, avec colère, sur le nez. La grosse moustache du douanier se hérisse d'indignation; cependant, il se contente de hausser les épaules, habitué qu'il est probablement aux excentricités et impertinences des touristes britanniques.

Le scribe de la *dogana* pose son cachet sur la voiture, un sceau de plomb, ce qui indique qne nous avons acquitté le péage, et fouette cocher!

Au galop, nous descendons la pente rapide sous le village de Grimaldi, berceau des princes de Monaco, dont le frêle campanile et les blanches maisons émergent toutes riantes au milieu des oranges et des néfliers en fleur.

II

Par une route bordée de vergers touffus, coupée de murs enguirlandés d'héliotropes et de roses, l'on débouche sur Vintimiglia, qui dispute à Volaterra l'honneur d'avoir vu naître le satirique Perse, Vintimiglia, dont le nom retrouvé sur une borne romaine signifie, suivant certains antiquaires, qu'au temps de César la ville comptait 20.000 habitants, et suivant d'autres qu'elle était située à 20 milles de Cimiès, métropole de la Ligurie romaine, dont il ne reste plus, près de Nice, que les ruines d'un amphithéâtre ; mais les antiquaires, race à la fois benoîte et féroce, ont cela de commun avec les sectaires politiques ou religieux, qu'ils ne s'entendent jamais. Peu nous importe d'ailleurs ; le curieux amoncellement du fouillis de maisons de l'antique cité seul nous attire. Bâtie sur une terrasse triangulaire, de vieilles murailles roussies l'encerclent et une forteresse dressée au sommet d'un mont la domine.

Ces murailles, nos pères les ont démantelées jadis, il y a quelque cent ans, et l'on distingue encore les traces des reconstructions.

Le dernier tremblement de terre les a lézardées en maints endroits, et, derrière, plus d'une bâtisse écroulée n'a pas encore été reconstruite.

La route contourne une partie de la ville, car les rues étroites et à escaliers pour la plupart sont inaccessibles à tout véhicule. Mais le voyageur doué de bonnes jambes et qui ne craint pas les courbatures ne perd, s'il en fait l'escalade, ni son temps, ni sa peine. Ample moisson pour les amateurs de couleur et d'odeur locales.

On enfile des ruelles qui conduisent à des caves; l'on traverse des caves pour déboucher dans des carrefours. Ici un rez-de-chaussée qui de l'autre côté devient sixième étage; là, une masure basse qui est le sommet d'une tour.

Je suis retourné plusieurs fois en ce curieux Vintimille, étonné de ne pas rencontrer à chaque angle de rue le chevalet d'un artiste. Mais qui s'arrête là! C'est trop près de la frontière; on ne fait guère halte

que dans la ville neuve, autour de la station,
pour boire du torino dans les cafés cosmo-
polites et reprendre bien vite les routes
banales, celles où tout le monde va, les
grands chemins parcourus par les grotes-
ques troupeaux que charrie l'agence Cook :
Venise, Rome, le Vésuve! Recommencer
éternellement *Saint-Pierre*, *Saint-Marc*,
Pompéi et le *Pont des Soupirs*.

* * *

A cinq kilomètres, de l'autre côté de la
baie, s'étendent les somptueuses villas de
Bordighera, entourées d'une ceinture de
palmiers comme un ksour saharien. C'est,
après Elche, le coin de l'Europe où le gracieux plumeau de l'Orient s'acclimate le
mieux. Mais on ne pourrait comparer ces
bouquets à la majestueuse forêt de la vieille
cité andalouse, qui, en dépit de l'incurie
espagnole, compte encore plus de 30.000 dat-
tiers. De Bordighera viennent ces palmes

artistiquement ouvragées que l'on vend à Rome aux fêtes pascales et dans toutes les villas de la Riviera.

*　*　*

La route de Gênes, qui côtoie le littoral déchiqueté par une succession d'anses et de caps, offre une variété infinie de tableaux imposants ou gracieux. Le chemin de fer suit la même ligne sinueuse, mais il a fallu lui tailler un passage à travers les accidents du terrain, de sorte qu'une partie du panorama est perdue pour le voyageur. Entre Nice et Gênes, sur une étendue de cent quarante kilomètres, on ne compte pas moins de trente-deux tunnels! Aussi, combien est préférable la route de la Corniche!

Rien n'y reste inaperçu des magiques décors de la côte d'azur. A chaque détour, un paysage nouveau se déroule. Une grosse tour à machicoulis où s'amarrent des bateaux de pêche, une forteresse démantelée

sur un îlot désert, le grêle campanile d'un
couvent, des cascatelles ruisselant bord à
bord avec le sentier de la montagne, des
masures sous des treilles, des palais dont on
aperçoit, au delà des galeries dorées, la salle
où des hommes de marbre tendent leurs
bras à Mignon, de blancs villages dans un
cadre de fleurs, d'autres accrochés aux
anfractuosités du roc, et les longues terrasses festonnées de vignes, les tonnelles
ombreuses, les villas sans nombre, les jardins qui baignent jusque dans les flots bleus
leur verte chevelure, tandis que là-bas, dans
l'azur, de grandes barques à voile latine
évoquent le temps où l'une d'elles portait la
fortune de César.

Nous voici à San Remo. Il en est des villes
comme des gens. Chacune à sa marotte.
Celle-ci se vante, je ne sais à quel titre, de
fournir les meilleurs marins de la Méditerranée. Son port, cependant, est de peu d'importance. San Remo, c'est Menton avec des
rues plus larges, des boutiques plus grandes,

des jardins mieux peignés, des hôtels plus chers; le tout, par conséquent, mieux apprécié du snobisme imbécile et de la badauderie cossue.

La vieille ville est seule intéressante à voir. Elle a, comme Vintimille, conservé ce cachet d'originalité, cet enchevêtrement architectural qui repose un peu de la banalité moderne. Labyrinthes de ruelles, arcades, allées voûtées, ramifications et détours, rues qu'on grimpe à l'escalade. Et les hardes multicolores séchant sur des cordes tendues d'une maison à l'autre, les curieuses petites boutiques fermées d'un simple rideau, où les Anglais ne manquent pas de s'approvisionner de tout ce bric-à-brac de faïences et de ferrailles *italiennes* importées par des fabriques de Birmingham et de Berlin.

San Remo est une garnison d'infanterie. Troupe bien tenue, et, comme partout en Italie, soldats de fière mine. Je trouvai même les officiers un peu trop beaux dans leur taille sanglée, leur pantalon collant gris perle, et le *parafoughi* préservateur qui dresse trop cavalièrement une molette inoffensive.

J'en fis l'observation à mon capitaine de chevau-légers, qui haussa les épaules, me répondant qu'après tout ce n'étaient que des fantassins !

Ils n'en sont pas moins la coqueluche des femmes; cela est visible aux œillades qu'ils reçoivent en Lovelaces habitués au succès. Je ne voudrais pas jurer que le vêtement qui moule leurs formes soit étranger à l'engouement des dames. Miss Dolly n'hésita pas à le déclarer *shocking*, tout en étant, je crois, secrètement ravie :

> Est-il beauté prude, ou bien morne,
> Que n'émoustille un uniforme !

affirme un distique de mirliton.

En tout cas, certains de ces jeunes et apollonesques guerriers promenant leur superbe suffisance en retroussant une moustache où viennent étourdiment s'accrocher les cœurs,

me remémoraient ces brillants capitaines...
d'opéra, héros de la rampe, idoles des petites
couturières ; et il me semblait qu'ils allaient
s'arrêter tout à coup au milieu de la place,
pour entonner, avec de grands gestes et en
roulant des yeux de carpe frite, quelque air
connu de libretto :

> Il faut me céder ta maîtresse...

Ou bien :

> J'ai pour moi, mon droit, mon glaive.

Ou encore :

> Que vois-je ? ô rage !
> Il a franchi le funeste passage !
> Esclaves, malheur à vous tous !

Et diverses autres barytonnades.

« J'en ai assez, dit Miss Dolly. Si nous
retournions à Monaco ?

— Retournons », dit complaisamment le
capitaine.

Et nous remontâmes en voiture, tandis que
je répétais le couplet de Paul Arène :

> Allons à Monte-Carlo
> Où j'ai vu se lever sur l'eau
> La lune ronde,
> Laquelle, à nos yeux éblouis
> Apparaissait comme un louis
> Doublé dans l'onde !

TABLE DES MATIÈRES

Paris. — L. MARETHEUX, imprimeur, 1, rue Cassette.